当我遇上语文味

我对语文味教学法的理解与实践

何泗忠 / 著

东北师范大学出版社

长 春

图书在版编目（CIP）数据

当我遇上语文味：我对语文味教学法的理解与实践 /
何泗忠著. -- 长春：东北师范大学出版社，2020.7
ISBN 978-7-5681-7023-9

Ⅰ.①当… Ⅱ.①何… Ⅲ.①中学语文课—教学研究
Ⅳ.①G633.302

中国版本图书馆CIP数据核字（2020）第132894号

□策划创意：刘　鹏
□责任编辑：邓江英　沈　佳　　□封面设计：姜　龙
□责任校对：刘彦妮　张小娅　　□责任印制：许　冰

东北师范大学出版社出版发行
长春净月经济开发区金宝街 118 号（邮政编码：130117）
电话：0431-84568115
网址：http://www.nenup.com
北京言之凿文化发展有限公司设计部制版
北京政采印刷服务有限公司印装
北京市中关村科技园区通州园金桥科技产业基地环科中路 17 号（邮编：101102）
2022年6月第1版　2022年6月第1次印刷
幅面尺寸：170mm×240mm　印张：13.25　字数：224千

定价：45.00元

成为自己

2010年5月10日，语文味教学流派的创立者程少堂先生应邀来我校——深圳市第二高级中学上课。许多老师也慕名前来，整个教室座无虚席，以致有的人只能挤在走廊上听课。程老师讲的是《论语》，课堂上，他亲切从容的教态，拉近了师生间的距离；幽默诙谐的妙语，引起了学生会心的微笑；情真意切的朗读，拨动了学生的心弦；独特巧妙的提问，激起了学生的求知欲望。课堂上，学生踊跃发言。程老师还给出时间，让学生自由提问，结果学生提出各种稀奇古怪的问题，但程老师凭借自己渊博的知识从容作答，课堂气氛十分活跃，教学达到了一种人与人相遇、灵魂与灵魂相撞、输出信息与反馈信息相融的美妙境界。这堂课博得满堂喝彩。下课后，我听到有个学生说："这是我一辈子都不会忘记的课。"我也有同感。课堂上，我像小学生一样，认真聆听了程老师的讲课，详细地记下了程老师上课的全过程，写好了课堂实录。听完课后，我产生了这样一个念头：我要按照程老师的上课模式，也给学生来一节《论语》课，我也一定要让我的学生美美地享受一顿精神大餐。

一个星期后，我也给我的学生讲起了《论语》。我拿着那天听课写下的详细的课堂实录，一板一眼地按照那堂课的路子走，模仿程老师的教学语言、表情、教态，一样的问题，一样的板书，一样的练习，一样的启发谈话……我心里憋着一股劲儿，一定要讲好这节课。谁想事与愿违，非但没收到预期的效果，学生们还一个个眉头紧锁，对我的问题应者寥寥。别人风趣的谈吐，在我这里成了强颜欢笑；更要命的是，我也学程老师，来了一个让学生自由提问的环节，结果，学生提出的问题，因我的学识水平有限而又不能作答，尴尬得我一时竟不知所措，下课铃一响，我赶紧逃出了教室。

这次教学失误告诉我，盲目地模仿，只会是东施效颦，落得个贻笑大方的结局。

记得艺术大师郝寿臣当年收袁世海为徒时，郝寿臣问："你准备怎样向我学？是把你掰碎了成我，还是把我掰碎了成你？"袁世海说："我要一丝不苟向师傅学，我要把我掰碎了成你。"郝寿臣说："那怎么行？那样你就不是袁世海了，而成了郝寿臣了；我有我的长处，也有我的短处，我有我的生活经验，你有你的生活阅历，你不能连我的缺点什么都拿去，而是把我好的东西拿去。所以，不是要把你掰碎了成我，而是要把我掰碎了成你。"后来，袁世海果然"青出于蓝而胜于蓝"。多年后，袁世海收杨赤为徒，也用当年他师傅郝寿臣对他说的那番话教导杨赤，说"你要把袁世海掰碎了成为杨赤"。郝寿臣、袁世海这些戏剧艺术大师的话，告诉我们一个道理：学习大师是为了成为你自己。

语文味教学法推广运用基地启动仪式会议

著名学者钱锺书在谈到宋人学唐诗时也说过，有唐诗做榜样是宋人的大幸，也是宋人的大不幸。看了这个好榜样，宋代诗人就学乖了，会在技巧和语言方面精益求精；同时，有了这个好榜样，他们也偷起懒来，放纵了模仿和依赖的惰性。钱先生认为，要超越唐诗，就必须学唐诗而不像唐诗，绝不能亦步亦趋，只学其皮毛。教学也是一种创造性劳动，我们向名师、大师学习，也不能亦步亦趋，只学其皮毛。

那么，我们主要要向大师学习什么呢？

1. 我们要学习的是大师的教学思想

教学思想可以借鉴，但对于某一教学内容的具体教学方法，并不是我们主要要学习的地方。因为不同的地方、不同的环境也就有不同的学生、不同的质疑，教学中也就会出现不同的"磕磕碰碰"。我们应在不同的教学环境、不同的教学设施、不同的受教群体中，采用不同的教学方法，不必"一板一眼"地按照大师的路子走。大师的课对我们来说，只是一把打开思维的钥匙，而听课者也应通过大师的课激起自己的思考："课可以这样上""课也可以不这样上""我应该怎样上这节课"。作为一个有进取心、有责任心的教师，我们要汲取的是大师的思想精华，把他们先进的教学思想创造性地运用到自己的教学实践中，使自己的课堂教学既符合教学规律，又充满个性魅力；既迎合教学潮流，又显得与众不同。

2. 我们要学习的是大师的教学个性

大师之所以称其为大师，就是因为有他独特的个性和风格，如京剧中的"四大名旦"：梅兰芳雍容富丽，程砚秋深沉委婉，荀慧生俏丽清新，尚小云刚劲洒脱，莫不自成一家，各有风韵。正因为有个性、有风格，才有魅力。教学名师也是如此：于漪感情真挚，韩军激情飞扬，魏书生娓娓道来，李镇西旁征博引，余映潮严谨细致，程少堂幽默风趣。他们上课有个性、有风格，魅力无穷。我们要学习大师的个性化教学，结合自己的生活阅历、性格气质、兴趣爱好，把大师们"掰碎了成我"，把他们的特长内化为养分不断充实自己，充分彰显自己的个性，形成自己的教学风格。

3. 我们要学习的是大师的博览群书

大师之所以称其为大师，是因为他们勤于学习，博览群书，知识丰富。程少堂老师最大的爱好就是买书、读书、写书。他在上《论语》一课时，为什么面对学生提出的稀奇古怪的问题也能从容作答？是因为他阅读了大量有关《论语》方面的书，他是用自己的一生所学在给学生上课。今天我们所面对的学生，一代比一代更有个性，一代比一代更深更早地切入社会，他们有自己的思想、自己的观念，喜欢独立思考，他们接触到的新生事物甚至比教师接触到的还要多，接受的速度也比教师快。我们如果不博览群书，那么当学生向你提出问题时，你就不能"从容作答"，你就会"不知所措"。腹有诗书气自华。我们只有像大师一样博览群书，才能在教学过程中像他们一样从容自如，才能和学生的脉搏一起跳动，才能上出让学生"一辈子都不会忘记的课"。

总之，我们要向大师学习的方面还有很多很多，向程少堂老师学习的方面还有很多很多。如今，我在向程少堂老师学习借鉴的基础上，创建了语文悬念教学法，形成了自己独特的教学理念与教学方法，我也成了学生最喜爱的教师，2014年，被评为深圳市首届"学生最喜爱的老师"。学习大师、学习程少堂，最终是为了成为你自己。

荣誉证书

何泗忠

2019年11月12日于深圳桃源村可人书屋

目录|

我对语文味的理论探索

　　语文味，并非只是一个具有象征意义的标签，而有其丰富的内涵。语文味教学具有别开生面的文化主题，它将文本、作者、文化和执教者自身的生命体验融为一体；具有主客观统一性，它追求儒家文化所倡导的"天人合一"，追求有"我"的教学境界；具有汪洋恣肆的教学内容，追求一种"逍遥游"的境界；具有充满生命力的教学过程，有着人性的温情、人格的体察、人情的关怀、人道的滋养和张扬；具有仪态万方的教学方法，语言表现形式丰富，教学手段多样，知识运用驾轻就熟，做到了从学生中来，到学生中去。

　　其所具有的丰富内涵是值得我们一线教师去探索、研究、掌握和运用的。

金风玉露一相逢，便胜却人间无数

——一位一线语文教师理解、运用、推广语文味的体会

语文味教学法，是21世纪初诞生在深圳这片热土上的一种有深广影响的语文教学法。

古人提倡十年磨一剑，而程少堂却是十六年磨一"见"。十六年前的语文味星星之火，如今已成燎原之势。大量检索出的文献表明，语文味的影响已遍及全国，深入人心，甚至影响到了其他学科，从而派生出了"数学味""物理味""英语味"。

作为一位深圳语文教师，我正在自觉地运用语文味教学法从事语文教学。语文味教学法的运用，让我的语文教学别开生面，学生十分喜欢我的语文课，我也成了学生最喜爱的教师。2014年，我被评为深圳市首届"学生最喜爱的教师"。

2014年教师节那一天，深圳市在大学城召开教师节30周年庆祝大会。我们这些"学生最喜爱的教师"坐在一起，我左右看看，发现获奖者中数我年龄最大。有一个记者跑来问我："现在学生一般喜欢年轻教师，您作为一位老教师，为什么还能深受学生喜爱？"我回答的第一句话就是，"因为我遇上了语文味"。

一、语文味教学法内涵解读

语文味教学法的创建者和理论的主要构建者是深圳市语文教研员程少堂老师。"语文味"这一名词的出现颇具偶然性。2001年3月的一天，程老师在

深圳市罗湖区一所中学评课时，无意中说出了这个他自己从没用过、也没见过的词：语文味。这个在没有任何思想背景下突然诞生的概念，从此在程老师心中扎下了根。日本著名平面设计大师原研哉的《设计中的设计》一书中有言："一个真正的设计师，应该能够丰富设计这一概念。"而程老师正是这样的设计师。核心概念"语文味"的定义是在不断深化、修正的过程中形成的。程老师将语文味作为一个学术概念正式提出，是在2001年。2001年8月，他在《语文教学通讯》当年第17期A刊发表《语文课要教学出语文味》一文，这是我国学术界将语文味作为一个学术概念正式提出的第一篇文章，它无疑是一篇具有开创意义的历史性文献。当时程老师认为，语文味第一要教出文体美和语体美，第二要教出情感美，第三要品味语言文字之美。程老师的这个观点一出，便在中国语文界引起广泛关注。福建师范大学文学院教授、博士生导师孙绍振先生充分肯定其价值和意义，但孙先生指出，程老师此时的"语文味"还只是一个外延定义。于是，程老师后来又把"语文味"定义为："所谓语文味，是指在语文教育（主要是教学）过程中，以共生互学（互享）的师生关系为前提，主要通过情感激发、语言品味与意理阐发、幽默点染等手段，让人体验到的一种令人陶醉的审美快感。从外延说，语文味是语文学科工具性与人文性特点的和谐统一，是教学过程中情趣、意趣和理趣的和谐统一，是语文学科的特点和执教者、学习者的个性的和谐统一，是教师的教学激情和学生的学习兴趣、教师的综合素质和学生的文化素养、教师的发展和学生的发展的和谐统一。"到2007年写作《程少堂讲语文》（语文出版社2008年1月出版）时，程老师以"语文味"的基本成熟的定义作为这本书的"压轴"文字，让人体验到的一种富有教学个性与文化气息的，同时又令人陶醉的诗意美感与自由境界。这一定义，是在积淀了程老师七年间在"语文味"理论与实践探索中的反复思考，同时吸收了语文教育学术界讨论语文味中的一些意见的基础上逐步形成的，是一个相对成熟的定义，后来，受浙江教育学院课程与教学系主任汪潮教授《对"语文味"的深度思考》一文的启发，程老师对"语文味"定义再次做了一些微调。现在，"语文味"完整而科学的表述是：

在语文教学过程中，在主张语文教学要返璞归真以臻美境的思想指导下，以提高学生的语文素养、丰富学生的生存智慧、提升学生的人生境界和激发学生学习语文的兴趣为宗旨，以共生互学（互享）的师生关系和渗透教师的生命体验为前提，主要通过情感激发、语言品味、意理阐发和幽默点染等手段，让人体验到的一种富有教学个性与文化气息的，同时又生发思想之快乐与精神之解放的，令人陶醉的诗意美感与自由境界。

以上这个定义与2007年《程少堂讲语文》一书中的定义相比，有两个变动：一是将2007年定义中的"宗旨"一句和"前提"一句互换位置，这样念起来更顺口些；二是增加了"同时又生发思想之快乐与精神之解放的"一句，加上这一句，是因为在语文味理念指导下的语文学习不是一种异己的外在控制力量，而是一种学生发自内心的精神解放运动。基于这样的思考，"语文味"，还有一种通俗的说法：

所谓语文味，通俗地说，就是在扎实的基础上，把语文课教得有趣些，有味些，好玩些。

为了能让教育界同人尤其是广大一线教师更好地理解语文味内涵，程老师还把"语文味"定义做出如下分解：

（1）语文味教学法，是一种"有温度"的教学方法。

（2）语文味教学法，要求语文教师要像艺术家打造艺术作品一样，把课堂教学打造成自己的教学艺术作品。

（3）语文味教学法，能让语文教学过程产生教学审美意象，即让语文教学过程真正成为创造美的过程。

（4）洋溢着浓郁语文味的语文课堂教学艺术作品要通过语文味教学艺术手段来创造。

（5）语文味教学法，主张语文教学过程要做到真、善、美、乐相统一。

（6）语文味教学法是强调通过有语文味的语文教学，师生共同达到发展的教学。语文味教学法，是让语文教学过程在实现语文味的教学宗旨（语文味教学宗旨包含在语文味定义中，即"在语文教学过程中，在主张语文教学要返璞归真以臻美境的思想指导下，以激发学生学习语文的兴趣、提高学生的语文素养、丰富学生的生存智慧和提升学生的人生境界为宗旨"）的同时，成为语文教师展现其文化眼光、释放人生情感、体验职业美感与挥洒生命创造的一种语文教学方法。因此，它能给语文教师的职业发展提供源源不断的内生动力。

（7）语文味教学法，以教材文本为载体，以渗透生命体验为核心，反映教学认识、表达教学理念、传达教学信息、表现教学思想与情感、彰显教学气质与风格。其中，以教材文本为载体是基础，渗透个体或族群的生命体验（文化浸润）是核心和关键。

（8）语文味教学法，主张在相对固定的语文味"一语三文"教学模式（"正"与"常"）与突破模式的、灵活性的教学方式方法（"奇"与"变"）之间保持适度的张力。

（9）语文味教学法，既是语文教师将语文课教出语文味的一种方法，又是学生乐学语文的一种重要方法。

（10）语文味教学法，必然要受到语文教育教学规律的制约，在语文味与文人语文的教育教学理念指导下进行。因此，熟练地掌握并运用语文味教学的艺术语言，是真正掌握语文味教学法并熟练进行语文味教学艺术传达的前提。

作为一线教师，我们最希望语文味有一个操作模式，有一个比较明晰、简易的操作程序。为回应广大一线教师的呼声，程老师在他的教学实践中，不断提炼语文味教学模式。2002年，语文味的发轫之作《用另一种眼光读孙犁：从〈荷花淀〉看中国文化》大型公开课是语文味教学模式的惊世萌芽，2007年4月主讲的全市性公开课《在"反英雄"的时代呼唤英雄：〈人民英雄永垂不朽——瞻仰首都人民英雄纪念碑〉细读》开始成形，到2012年《沁园春·雪》一课成熟。这个"形"，就是"一语三文"的教学模式框架。2014年2月，程老师在他的《建构一种新的教学法：语文味教学法》中正式提出"一语三文"模式：语文＝语言×（文章＋文学＋文化）。

程老师认为，语言、文章、文学、文化，是语文教学系统的基本要素，而每一篇课文都是整个语文知识的全息元，或者说，是语言与文章、文学、文化的有机统一。

与语文味创始人程少堂老师（右）合影

以上是基本模式，"一语三文"教学模式是语文味教学法的基础和核心，但不是唯一内容。语文味教学法所践行的原则是：一个理念，多种（元）模式，组（综）合运用，突破超越。语文教学法追求的最高境界，是"至人无法""法无定法"，所以在我们语文味课堂上，不仅存在主模式与副模式，而且存在一个模式群。

四川师范大学许书明教授在给四川师大文学院学生开设的选修课《当代名师教学艺术研究》之"程少堂语文教学艺术"一部分中，通过研究程老师的课例，他指出，程少堂的语文味教学"一语三文"教学模式除了主模式之外，还存在不少变式结构。他认为，"一语三文"的变式结构，来自于对文章、文学、文化的不同细读侧重，分别构成以下变式：

（1）以文章为视角的细读结构：语言——变换——赏析。

（2）以文学为视角的细读结构：审美——把玩——创造。

（3）以文化为视角的细读结构：精神——感召——升华。

语文味教学倡导从语言、文章、文学、文化四个维度对文本进行全息观照，四个维度中，语言是基点，文章是重点，文学是美点，文化是亮点。

语文味教学倡导的从语言、文章、文学、文化四个维度对文本进行全息观照的教学思想，准确地反映了语文教学的内在规律，保证了依据语文味教学理念进行的语文教学，是既有章法而又灵动的，是温煦、优雅而又有深度的，也是美的。

二、语文味教学法实践运用

从语言、文章、文学、文化四个维度对文本进行观照，是中国语文教学法研究的一大进展。我们知道，人体是一个有机的整体，各部分之间是紧密相连密不可分的，但是在现代医学体系中，人如果生病了，到医院去看病都是分科治疗。同样，在一篇课文中，语言、文章、文学、文化也是一个有机的整体，是密不可分的，但是语文味教学法"一语三文"教学模式强调，既要看到一篇课文是一个有机的整体，又要看到教学时将一篇课文进行语言、文章、文学、文化四个维度的观照，是必要的。但在中国语文界，绝大部分一线中小学语文教师没有认识到从语言、文章、文学、文化四个维度对文本进行观照的必要性，也没有能力进行这种区分。有些内容，如文章与文学的区别，以及语言、文章、文学、文化的教学选点，特别是对作为亮点的文化开掘，仍然被不少语文教师视为畏途。说实在话，2009年，我刚调入深圳，运用语文味教学，就面临这种尴尬。我想用语文味开展教学，但不知从何处下手。我首先碰到的一个问题就是：语言、文章、文学、文化这四个概念，它到底包含哪些东西，语文味是怎样界定它们的？我带着这个问题向程老师请教，程老师耐心地为我解答。作为语文味教学流派的掌门人，程老师是这样阐释这些概念的：语言是文本的基点，而文章包括文章的信息（材料、意旨、感情等）、体式（结构、语体、体裁等）、技法（篇法、段法、句法等）；文学，主要指作为一种语言的艺术，语文教学中的文学教学，主要探讨语文文本中语言的情境化和个性化，以及文学语言本身具有的形式美和如何运用语言手段刻画文学形象等问题；文化，则主要指反映一个民族的思维方式、情感方式和行为方式的深层结构。程老师给我解释这些概念后，还向我推荐了好几本书：上海教育出版社出版的倪宝元主编的《语言学与语文教育》、曾祥芹主编的《文章学与语文教育》、王纪人主编的《文艺学与语文教育》等系列丛书。程老师告诉我，把这三本书认真读一读，"一语三文"中语言、文章、文学的选点问题就容易解决了。至于文化选点，程老师向我推荐了李宗桂的《中国文化概论》、刘长林的《中国系统思维》、李秀林等主编的《中国现代化之哲学探讨》、孙隆基的《中国文化的深层结构》、张世英的《哲学导论》等书籍。我把程老师推荐的书籍反复阅读，又听了程老师的好几节语文味代表课，总算初步弄清了语言、文章、文学、文化这四个概念的内涵。

接下来，就是在一篇文章中如何开展语言、文章、文学、文化选点的问题了。我的经验是仔细研读文本，找出文本所含的四个要素。

语文味教学法认为，语文教学是从一篇篇课文教学开始，并通过一篇篇课文的教学活动的连续进行而完成的，每一篇课文的教学相对于整体的教学，正如胚胎相对于动物一样，具有胚胎性。换言之，语文教材中的每一个文本（包括单个文本和单元文本），都是全息的（即包含着字、词、句、段，语法、修辞、逻辑，文章、文学、文化等各方面的语文知识）。由此可以推论，语言、文章、文学、文化，是语文教学系统的基本要素。这一表述蕴含着这样的理念：在语文味教学法中，既说明了语言需要渗透到文章、文学、文化各要素之中，它是这四个基本要素的基点和中心点，同时又强调文章、文学、文化在教学过程中的相对独立性。因此，我面对一个文本时，都要仔细研读，反复琢磨，找出文本中所含的四个要素。

以《一个文官的死》这篇课文为例。过去，我在讲这篇课文时，总是从阶级分析的角度，讲契诃夫愤怒地揭露了沙皇时代的专制与黑暗，等等。这种讲法，显得十分单一、老套与陈旧。1960年，俄国作家爱伦堡写了一本书《重读契诃夫》，对辞书、教科书中对契诃夫的描述做了质疑。他说，每一本辞书上都告诉我们契诃夫是一个伟大的批判现实主义作家，他愤怒地揭露了沙皇时代的……爱伦堡说：这都对，但没有解决这样一个问题：为什么今天的人还那么喜欢看契诃夫的书？难道是想知道一百年前资产阶级是怎样和贵族阶级斗争的吗？是想知道阶级的变动吗？不是的。肯定是他的作品有什么永恒的、能够随时代前进的因素。

今年3月，我在惠州市上了一节公开课，讲的就是《一个文官的死》，这次，我运用语文味"一语三文"教学法，从语言、文章、文学、文化的高度去审视这篇课文，我对文本研读了四遍。第一遍，从语言的角度去阅读；第二遍，从文章的角度去阅读；第三遍，从文学的角度去阅读；第四遍，从文化的角度去阅读。结果，使教学别开生面。我是这样设计这篇课文的：

《一个文官的死》

初读课文，采用主问题设计法从文化的角度探索小说中人物切尔维亚科夫死亡的原因及性格形成的原因，了解小人物的悲惨命运与沙皇政府的专制和黑暗。

1. 小说中的主人公切尔维亚科夫的死，是正常死亡，还是非正常死亡？是自杀，还是他杀？

2. 假如切尔维亚科夫是一个美国公民，他前面坐着的是美国总统奥巴马，切尔维亚科夫打了一个喷嚏后，他们双方会有什么反应？

再读课文，采用词语复位法从语言和文学角度体悟作品中人物的感情和感情变化过程。

有一句话，"去他的"，要求同学们把"去他的"这句话放到原文中，看放到哪里最合适？

三读课文，采用分角色朗读法，从文章的角度品读小说的典型细节材料，以挖掘人物的典型性格。朗读要求声情并茂。

这节课讲完后，听课老师反响极大。他们认为，这节课上出了一种扑面而来的清新之风和摄人心魄的震撼之魅。

在教学中，语言、文章、文学、文化四个要素选好点以后，第三步就是考虑教学设计从哪个要素入手的问题了。一般来说，语文味教学法是循着语言、文章、文学、文化依次展开的。一般初学语文味教学法者，最好遵循这个顺序。我听了程老师的代表课，看过程老师的课堂教学实录，在他的教学设计中，有正态的，即严格按照先语言，再文章、再文学、再文化的顺序进行的教学设计，如《在"反英雄"的时代呼唤英雄：〈人民英雄永垂不朽——瞻仰首都人民英雄纪念碑〉细读》一课，就是按照"一从语言角度细读，二从文章角度细读，三从文学角度细读，四从文化角度细读"进行教学的。但也有变式结构，如《荷花淀》教学，就是首先从文化的角度切入教学的，而且整堂课都是从文化角度来带动语言、文章、文学的教学的。如果程老师每堂课都按照先语言，再文章、再文学、再文化的顺序进行，我们就感受不到程老师课堂教学的无限魅力了。事实上，程老师的课堂教学是千变万化、仪态万方的。记得电视剧《渴望》中有一首著名插曲的歌词是："茫茫人海终生寻找，一息尚存就别说找不到；希望还在明天会好，历尽悲欢也别说经过了。每一个发现都出乎意料，每一个足迹都令人骄傲，每一次微笑都是新感觉，每一次流泪也都是头一遭。"这首插曲仿佛道出了我对程少堂老师课堂教学的感觉。来到深圳后，听了程老师不少课。每听一次，总有新感觉；每听一回，好像都是头一遭；每听一堂，都出乎我的意料。程老师的课，充分展示了它的变化之美。有鉴于程老师不拘一格的课堂教学设计，我的《一个文官的死》也采用了变式结构。我也是先从文化的角度切入教学的。小说中的主人公切尔维亚科夫的死，是自然死亡，还是非自然死亡？是自杀，还是他杀？这是一个"牵一发而动全身"的问题，这个问题一提出，造成强烈悬念，学生们带着好奇心去探索文本，学生们根据文本对案情进行了细致分析。随着学生对案情的分析，后面的语言、文章、文学这些要素，也在教学中迎刃而解。听完《一个文官的死》这节课后，有个老师这样评价：何老师的课奇奇怪怪，神神秘秘，虚虚实实，悬念迭出，扣人心弦，民主和谐，师生共鸣，语文味特浓。如果我循着语言、文章、文学、文化的顺序去讲这节课，就不会产生悬念，课可能就会显得平淡一些。

我认为，语言、文章、文学、文化四个要素，先从哪个要素入手，要考虑以下三个"有利于"：

（1）要看是否有利于教师对文本的解读。

（2）要看是否有利于学生对文本的理解。

（3）要看是否有利于师生个性化的发挥。

三、语文味教学法推广价值

"语文味"的出现，可谓星火燎原，产生了广泛、深远的影响。2015年，深圳市教育科学研究院把语文味教学法列入2015年度优秀教育科研成果推广运用项目，这是十分必要的，也是非常及时的。

1. 语文味里程碑式的学术革新值得推广

罗素在他的名著《西方哲学史》美国版序言开头这样写道："目前已经有不少部哲学史了，我的目的并不是要仅仅在它们之中再加上一部。"我们也可以模仿罗素这句话说，目前已经有不少语文教学法了，但程少堂的语文味并不是仅仅要在它们之中再加上一部。是的，语文味是一种崭新的语文教学理论。这种新的语文教学理论的提出，是中国语文教学话语的一场革命。

2011年6月30日，程少堂应北大语文教育研究所之邀在北大中文系作了《从"冷美学"到"热美学"——以"语文味"为例谈中国语文教学美学视界的转换》的讲座。在这个讲座中，程少堂指出：以语文味和文人语文为核心建立的语文教学美学理论，标志着中国语文教学美学理论从过去的"无我"的"冷美学"，转型为"有我"的"热美学"，标志着一种用中国审美经验解决中国语文教学美学问题的、有中国特色的语文教学美学新体系，终于找到了自己独特的艺术语言——找到了自己的"关键词"（核心概念）和"关键句式"（核心观点）。

语文味教学法推广运用深圳基地启动仪式暨5名师工作室联席会议

近年来，程少堂老师为回应语文味教学实践的呼唤，在十数年语文味理论与实践探索的基础上，又提炼出语文味教学法。语文味教学法作为语文味教学美学理论的实践化操作，它和传统的语文教学法有着本质的不同。传统教学法是再现性教学法（再现文本知识），语文味教学法是表现性、抒情性教学法，语文教师自身和学生可以通过语文教学过程来抒情言志；传统语文教学法只教学课文主题，而语文味教学法强调在文本思想内容与师生生命体验相熔铸的基础上，打造出新的教学主题；传统教学法规定的是教学方法的程序（如"读一读，品一品，议一议，练一练""定向——自学——讨论——答疑——自测——自结""自学——启发——复习——作业——改错——小结"，等等），语文味教学法则是教学内容（语言——文章——文学——文化）的程序；传统教学法基本上是对文本进行平面扫描，语文味教学法则要求对文本进行多层面（语言——文章——文学——文化）的立体式扫描。

深圳名师钱冰山说：在漫长的十六年理论与实践探索中，语文味教学思想创立者程少堂不仅讲出了以《荷花淀》为代表的一系列产生广泛影响的公开课，而且在实践的基础上，创造性地发明了一系列新的语文教学（美学）理论的学术概念。主要有：语文味、文人语文、语文味教学法、"一语三文"教学模式、（课堂）教学作品、教学主题、价值推送、教学选点、表现性教学、再现性教学，等等。是的，程少堂的学术创新，使他的语文味成了中国语文教学天空一颗璀璨的明星。

大同大学张毅教授更是将程少堂的"语文味"视为中国母语教育史上的一座里程碑。他在《"语文味"可以进课标吗？》一文中指出："1887年张之洞先生在广东创造了'语文'一词，17年之后的1904年他在《奏定中学堂章程》中为我们设立了'中国文学'等科，正式确定有语言文字运用教学这道菜；1940年叶圣陶先生提出'国文是语文学科'，9年之后的1949年他为我们重新命名了'语文'……一直到21世纪初……程少堂在'语文'词的诞生地广东提出'语文味'……百年'语文'回家，不仅要回到地理上的家，更是要回到母语课程文化上的家。在百年中国母语教育史上，'张之洞——叶圣陶——程少堂'一线相连。'语文味'对母语教育本身的美丽回归，冥冥之中是对张之洞一百多年之前呼唤的应答。……'语文味'事实上已经成为中国语文界行业表达职业理想的公共用语，作为能够准确把握学科特点、体现中国精神、反映中国文化本色的中国话语的表达，'语文味'正是对伟大的中国梦在我们学科的具体呈现的准确描绘——'中国梦'是全体中华儿女共同梦想的交响乐，'语文味'就是其中动人的乐章。'语文味'是我国母语教育界对中国美学当下重视'中国体验'趋势的话语回应，是汉语文教育工作者对自身话语的一种追寻。"可以毫不夸张地说，"语文味"是对中国语文教学的一场革命，在不少方面不仅超越时贤，且多有超越过去一百年的语文教学法之功。

语文味具有里程碑式的学术革新精神，语文味值得推广。

2. 语文味独上高楼的教学境界值得推广

当前，我们的教育主要是人技语文，只注重传授知识技能。而一些大师级的语文教师，则把教学上升到一种境界。语文味教学法，无疑上升到了一种境界。程少堂教授认为，从本体论或存在论的角度来看，中国语文教学存在"三个教学世界"：

一是客观性的教学世界：教师在语文教学过程中只是或基本上只是如同镜子一样反映文本的思想内容，教师主体只是作为文本的诠释者。这种教学"没有温度"，缺乏深度、力度，缺乏灵魂共鸣。因而是不美的教学，也是学生不喜欢语文课、语文教师职业怠倦感强的主要原因。

二是主观性教学世界：教师把文本当成"工具"（多数是当成发泄对现实不满的工具），并利用这种"工具"，进行脱离文本或对文本进行过度阐释的教学。这是"温度过高""发烧"的教学。

三是主客观统一的教学世界：强调语文教学面对的文本，是语文教学过程中的"象"，师生的生命体验是"意"。意与象的结合，构成语文教学的"天人合一"境界。

语文味教学法，无疑属于一种主客观统一的"天人合一"的教学境界。我们听过程老师的许多代表课。在其乐融融的师生关系中，教师教得神采飞扬，学生学得兴致高涨，师生双方都全身心投入，学生没有意识到自己是学生，教师没有意识到自己是教师，不知道是学生变成了教师，还是教师变成了学生，教师、学生、教材、教法、教学环境融为一体，"天人合一"，这样的课堂，学生喜欢，终身难忘。

语文味有独上高楼的教学境界，语文味值得推广。

3. 语文味与时代旋律的不谋而合值得推广

语文味与新课标精神不谋而合。虽然语文味在诞生之时，新课标还没有问世，虽然语文味理论与实践探索的历史，从来就不是一个以丧失自身理论的主体性、逻辑性来印证乃至迎合新课标教学思想的历史，但二者之间在许多地方却不谋而合。例如，新课程改革的核心思想之一是强调工具性与人文性的统一，强调知识和技能、过程和方法，以及情感、态度与价值观的整合。情感、态度、价值观作为其中的重要组成部分，可看作教学的灵魂。而语文味教学思想强调语文教学过程要充满人性的温情、人格的体察、人情的关怀、人道的滋养和张扬，强调师生的思维与心境共同享受人文情怀的浸润濡染，强调教师在教学中引导学生在与文本对话的基础上，也与自己的心灵对话，与自己的经历对话，与现实和历史对话，与古今中外对话，因而往往具有很强的现代知识分子的使命感，它为新课标指引下的语文教学提供了无限的可能性、开放性和丰富性。换句话说，语文味教学法能够使学生通过语文的学习，掌握并运用语文知识，从而获得品德修养的教育，提高审美情趣。这与新课改所倡导的三维教学目标"心有灵犀"。

语文味与国家大政方针不谋而合。为实现"中国梦"，习近平总书记十分重视传统文化。他说："中华文化积淀着中华民族最深沉的精神追求，是中华民族生生不息、发展壮大的丰厚滋养。"2014年，教育部颁发了《完善中华优秀传统文化教育指导纲要》。（以下简称《纲要》）《纲要》要求从小学到初中到高中到大学"分学段有序推进中华优秀传统文化教育"，要"把中华优秀传统文化教育系统融入课程和教材体系"，要"在中小学德育、语文、历史、艺术、体育等课程标准修订中，增加中华优秀传统文化内容比重"。而语文味教学法注重思想性和文化性，在教学中，对学生进行文化观照，是语文味教学的重要元素，也是其显著特色。因此，学术界又称语文味教学为"文化语文"。的确，程老师的语文味教学法，在中国语文界是独树一帜的，高举文化大旗，是语文味的独特标志。而且，以我个人的体会，一篇文章，如果从语言、文章、文学、文化的角度去审视，从这四个维度去设计我们的课堂教学，往往会更有深度，有宽度，有高度，有厚度，会使语文教学别开生面。譬如，过去我在讲毕淑敏的《我很重要》一文时，没有从文化的角度去观照这篇课文，讲课不能做到深入浅出。前年，我在肇庆市讲了一节公开课，运用"一语三文"教学法，从文化的角度去分析这篇课文，结果，对这篇文章有了更深入的理解。我从"我很重要"中的"我"字进行文化解读。在我的课堂设计中，有一段这样的话：

在中华民族的传统文化中，往往有一种自谦的传统，把对方说高一点，把自己说低一点。在古人的称谓中就有那么一种叫"谦称"，这是古人专为自己准备的，如"愚、卑、鄙、在下""窃以为"，哪怕是认为自己特重要的帝王也会自称为"孤、寡"。正是由于所受的教育和传统的价值观念使然，作者从开始的担心别人批判到后来响亮地向世界宣布"我很重要"，其中经历了一个从小心尝试到充分肯定自我的思想过程。

为了把这种从小心尝试到充分肯定自我的思想过程形象地展示出来，让学生有深刻的感受，我还设计了一个巧妙的朗读环节：

请学生朗诵文章中从"我很重要。我对自己小声说"到结尾这一部分。

读法：

第一组读第一个"我很重要"；

第二组加入读第二个"我很重要"；

第三组加入读第三个"我很重要"；

第四组加入读第四个"我很重要"；

"让我们昂起头来开始"，全体同学站起来读。

朗读声音呈现一种由小到大的递增状态，直观形象地再现作者的心理活动过程。

这堂课讲完后，学生反响很好，听课教师无不叹服。老师们评价说："这节课别开生面，给我们带来巨大的冲击力量。"有个教师问我："您的课为何有让人想不到的精妙设计？为何上得如此有深度？"我对她说："因为我遇到了语文味。"语文味教学法，有利于优秀传统文化的传承，有利于核心价值观的推送。

语文味与时代旋律不谋而合，语文味值得推广。

哈代有一句名言："呼唤和被呼唤的很难应答。"可是这世界上，的确有一些事情的发生颇具灵性，甚至有某种神秘的感应。

深圳，是一座充满创新思想的城市。她需要有一张自己的教学名片，需要有"自己的教学流派"，于是20世纪末，程少堂来了，于是，语文味诞生了。程少堂的精神世界和语文味在深圳有了一次金风玉露般的邂逅与结缘，他用他的"柔情似水"，拥抱了语文味的"佳期如梦"。从此，因为程少堂，所以语文味；也从此，因为语文味，所以程少堂。如今，语文味从一个新词一粒种子，终于成长为一片壮观的森林；在这一过程中，程少堂也引人注目地跻身"中国当代十大名师"之列。

广大一线教师呼唤一种全新的语文教学法出现，于是语文味应运而生，惊世而出，教师一旦掌握了语文味，就使教学风情万种，气象万千，别开生面。

金风玉露一相逢，便胜却人间无数！

（2016年8月18日于深圳市桃源村可人书屋，该文已发表于《新课程研究》2018年第1期上）

程少堂代表课与黄山之美

2011年7月26日，全国中语会第八届"商务印书馆·语文报杯"中青年课堂教学大赛在安徽黄山召开。在这次教学大赛上，作为评委的程少堂老师，以黄山之美的视角对课堂教学进行了十分精彩的点评。这一点评是我从教三十年来看到的最为奇特、最有才气、最有个性、最耐人寻味的语文教学点评。其点评要点如下：

（1）黄山之所以为名山之最，是因为它有自然之美。一节好课，它不拒绝、不反对预设，但本质上应该是生成的，也要自然天成，体现自然之美。

（2）黄山之所以为名山之最，是因为它有个性之美。一堂好课，也是不可复制的，也要凸显自己的长处和个性。

（3）黄山之所以为名山之最，是因为它有变化之美。一堂好课也要有波澜，有风情，要浪漫一点点。

（4）黄山之所以为名山之最，是因为它有丰富之美。一流的好课，它也要集许多优秀名师的课的优点于一体，要有厚度、有深度、有高度，要教出丰富之美。

（5）黄山之所以为名山之最，是因为它有激情之美。好的语文课要带学生体验人生，积淀情感，要为文本的情感和学生的情感之间找到一个共鸣点，用教师的激情去激活共鸣点。

（6）黄山之所以为名山之中的名山，是因为它是雅俗共赏的。名课也要雅俗共赏，既要通俗易懂，又要让学生体验文化、体验生命、感悟人生、提高精神境界。

（7）黄山之所以为名山之中的名山，是因为它是有趣的、有味的、好玩的。一堂一流的语文课的基本标准，简单地说，就是要在扎实的基础上有趣、有味、好玩，要教出语文味。

在这个点评中，程老师借黄山之美，十分生动形象地提出了优秀语文课的标准。在我看来，这个点评其实是"语文味"定义的另一种形式的表达。

程老师的好课观，不是凭空想出来的。当年，程老师高中一毕业，就当过代课教师和民办教师；大学一毕业，就做过中学教师；1999年，通过全国招聘考试的激烈竞争考到深圳担任教研员后，他把做一个"实践型的理论家"或"理论型的实干家"作为工作的最高目标，他始终没有脱离一线授课实践，坚持上市级和省级国家级的研究课，在全国产生了广泛影响。他有数十节代表课，给我留下了深刻印象。他的代表课，就很好地体现了他提出的黄山般的美。

一、程老师的课像黄山一样，具有自然之美

有"天下第一奇山"之称的黄山，是大自然的鬼斧神工之作，古往今来，它以无与伦比的自然美，受到世人的极力推崇。程老师说，一节好课，也要像黄山一样自然天成，体现自然之美。以此标准来衡量程老师的课，毫无疑问，他的课最能体现自然之美。他的课，固然有精巧的构思与预设，在每次进行教学实践之前，都是广泛涉猎各类相关书籍达几十本之多，在大量阅读的基础上进行深入研究，继而形成创新性思想。像他的《〈锦瑟〉：中国诗歌美的四个代表》《毛泽东的文化魅力与英雄悲剧——"千古第一词"毛泽东〈沁园春·雪〉文化密码解析》等代表课就是他在文本研读的基础上又饱读几十本书之后精心打造的结果。但作为一个才气纵横的学者甚至是诗人，他的课堂，更多的是自然地生成。我和我的同事现场观摩过程老师不少代表课，也看过程老师的一些原生态的课堂实录，大家一致认为，程老师的课给我们一种"行云流水"甚至有几分"逍遥""随意""放肆"的感觉。是的，程老师上课有点"和尚打伞——无法无天"，他从来不拘"礼法"，没有那么多的条条框框，没有那么多的章法结构，这种充满原生态和纯自然特性的课堂恰如黄山之美，美在自然。譬如《在"反英雄"的时代呼唤英雄——〈人民英雄永垂不朽——瞻仰人民英雄纪念碑〉细读》课例，程老师以巨大的勇气，把一篇说明文的文

本解读引入了一个广阔的原野，那里芳草鲜美，生机勃勃，学生自由提问，教师机智应对。深圳市教育局副局长唐海海兴致勃勃地听了这节课后，作出如下评价："这是一种完全处于原生态状态的课。它没有任何造作之气。这种思维的原生态呢，给老师课堂上的引导和驾驭啊，带来了极大的难度。但是我觉得这种课的构思，恰恰就是少堂老师的本意。他不想把这节课在结构上、在时间上、在进度上、在内容上，甚至在语言上，都字斟句酌地设计好，用一种'完美的刻板'来表现这节课。"唐局长的评论的确道出了程老师这节课的风格特点——自然美。唐局长的这个评价同样适用于程老师的其他课例。且看他的《陌生化：艺术的"头脑"——以〈听陈蕾士的琴筝〉为例谈诗歌鉴赏》片段：

师：哦。《明湖居听书》学过吗？写王小玉唱歌的。

（生说学过，记得一点点）

从老师的提问中，感觉出老师是期待学生能熟悉这篇课文，能齐声回答"学过"，但学生却说，只"记得一点点"。面对学生的"不配合"，我们来看程老师是如何随机应变的。

师：哦，记得一点点。古今中外写音乐的文章不少，但是音乐不好写。……因为音乐是听得到但看不见摸不着，很抽象的。要把这种很抽象的东西写成很形象的，怎么办？只能借助很多其他的意象。在艺术创作当中，有时候它要写一种事物，一种情感，要吸引读者，不能原本照搬。比如我们说一个小女孩长得很漂亮，老说她很漂亮，就没意思了。如果我们换句话说："她长得很甜。"这个"甜"字就把味觉的感受转化成写视觉"漂亮"。今天这首诗最大的特点就是这个。刚才我说，你长得很漂亮，就很熟悉；如果说你长得很甜，那就有一点点陌生。艺术就经常用这种陌生化的手段来制造艺术效果。这是艺术的规律。这首诗之所以同学们觉得摸不着头脑，关键在于对它的很多意象不清楚。

程老师了解了学生不知道《明湖居听书》后，他没有再纠缠《明湖居听书》，按照自己当初的预设，结合《明湖居听书》向学生大讲特讲它如何写音乐，而是随机应变地由音乐引出一个与生活非常贴近的例子："女孩长得很漂亮"，换成"女孩长得很甜"。这样就形象地阐明了一个学生很难懂的艺术手法——"陌生化",让学生豁然开朗。程老师说过,在教学过程中教师既要学会走"正步",又要会"乱跑"。程老师说的这种"乱跑",实际上就是随机应变。通读《听陈蕾士的琴筝》课堂实录,我们会发现许多这样的"乱跑"现象。

《听陈蕾士的琴筝》是一首难教难懂的诗歌,而且程老师是在香港执教这堂公开课的,因为教育背景的不同及语言不通所造成的理解障碍,学生对于程老师抛出的问题常常不知所云,但程老师都能随机应对,并且最终都能深入浅出,引导学生心领神会,而且还能生出新的问题。程老师的课,是生成性的课。传统课堂,教师教教科书,学生学教科书,在规定的时间内教完教科书,一切顺着事先设计好的路线推进,教学环节衔接得天衣无缝,知识是预定的,结论是固定的。在程老师的课堂上,师生常常会有"蓦然回首,那人却在灯火阑珊处"的发现和"山重水复疑无路,柳暗花明又一村"的意外收获,会有"心有灵犀一点通"的和谐共鸣和"栽下梧桐树,引来金凤凰"的抛砖引玉式的独特境地,拥有"此时无声胜有声"的心灵释放和"精骛八极,神游四方"的思想流淌。翻开《程少堂讲语文》,有一段这样的话:"语文味是语文教学的一种美学境界,即自由境界。要达到这种自由境界,语文教师首先必须是灵魂最自由的人,是那种一举挣断锁链的人,是那种不被规矩所役,在规矩中打破规矩、在打破规矩中创造新的规矩亦即超越规矩的人,是那种不重复别人也不重复自己的人。能把语文课上得最美的教师,也就是把语文课上得最有语文味的教师,是在课堂上最自由的人。"程老师讲的其实就是语文教学要追求无法之法,无法之法乃为至法。无法之法,就是一种课堂教学的自然之美。

二、程老师的课像黄山一样,具有个性之美

黄山不是泰山,也不是华山,它有它的独特之处,奇松、怪石、云海、温泉是它最突出的特点,被称为"黄山四绝",黄山是一座最有个性的山。程老师说,一节好课,也要像黄山一样凸显自己的个性,要具有一种个性之美。"从某种意义上说,语文教师就是语文。通过语文教师的形象,我们可以目睹语文的风采、它的生动构成。"程老师的话告诉我们,课如其人。

在我接触过的众多名师之中,程少堂老师可以说是一个最有个性的人。

曾在一篇文章《老夫聊发少年狂——程少堂印象记》中，看到一段这样的话，"他与余老师（指余映潮）是截然不同的两类人。如果说余老师是严谨、认真的学术研究者，那他就是狂放不羁的'离经叛道'者；如果说余老师是循循善诱的慈祥长者，那他就是随性洒脱的魏晋风骨；如果说余老师是让人高山仰止、顶礼膜拜的对象，那他就是平易近人、嬉笑怒骂的同人；如果说余老师是'宁为一个字，捻断数根须'的苦吟诗人，那么他就是放浪形骸、汪洋恣肆的浪漫主义诗人。"我以为这段话，较准确地道出了程老师的个性。文如其人，课同样如其人。程老师把他的个性带入了他的课堂之中，或者说，程老师的课，深深地烙上了他的个人色彩。因为程少堂，所以语文味。他的课，是不可复制的，充分凸显了他自己的长处和个性。不说亲自聆听过他课的人，就是看程老师的课堂实录，我们也仿佛能感觉到程老师的音容笑貌。不信，我们看看《千古文人〈世说〉梦——关于〈世说〉欣赏：以〈咏雪〉为例》教学片段：

师：（师边读边译文章）可以知道这个人气量大，很镇静！你看他在下围棋听到前方捷报的时候：

师展示投影：

> 谢公与人围棋，俄而谢玄淮上信至，看书竟，默然无言，徐向局。客问淮上利害。答曰："小儿辈大破贼。"意色举止，不异于常。
>
> ——《世说·雅量》

师：（师边读边译文章）这么大的喜讯，他还那么镇静！当然，后来他去朝廷报喜讯的时候，把他的高跟鞋跑掉了。（笑声）

师展示投影：

> 谢公夫人帏诸婢，使在前作伎，使太傅暂见，便下帏。太傅索更开，夫人云："恐伤盛德。"
>
> ——《世说·雅量》

师：当然，他还有一个特点是比较多情，（师边读边译文章）爱看婢女表演。夫人不让看，说再看就说明你花心了。（笑声）刚才通过看文章，大家可了解到谢安是一个很有城府、气量很大的一个人。所以他大笑跟这些有关。下面我再顺便介绍一下王羲之被招女婿的一个故事，也是《世说新语》里的一个故事。

师展示投影：

> 郗太傅在京口，遣门生与王丞相（导）书，求女婿。丞相语郗信："君王东厢。任意选之。"门生归白郗曰："王家诸郎亦皆可嘉，闻来觅婿，咸自矜持唯有一郎在东床上坦腹卧，如不闻。"郗公云："正此好！"访之，乃是逸少（王羲之小字）。因嫁女与焉。
>
> ——《世说·雅量》

师：（师边读边译文章）这就是后来我们说的"东床快婿"的来历。我估计这是王羲之设计好的，可能是他早就看上了那家的女孩子，别人都去争，他在旁边故意要搞另类、个性化的动作，吸引大家的注意力。（笑声）这男同学也要学学。（哄堂）

看了以上片段，给我一种"庄周梦蝴蝶，蝴蝶梦庄周"的幻觉，是程少堂在欣赏品味谢安，还是谢安在欣赏品味程少堂呢？从这里，我仿佛看到了一个手之舞之的程少堂，一个足之蹈之的程少堂，一个天真率性的程少堂，一个朗朗大笑的程少堂，一个幽默风趣的程少堂，一个风流潇洒的程少堂。好一个个性化的程少堂，好一堂充满个性化的语文课，程少堂的语文课像黄山一样，充满个性之美。

三、程老师的课像黄山一样，具有变化之美

程少堂老师说，黄山之所以为名山之最，是因为它有变化之美。黄山诸峰之间流云飘逸，云来雾去；黄山云海山涛，看上去既变幻莫测，波澜壮阔，又姿态万千，风情万种。程老师的课何尝不具有黄山的变化之美呢？听过他的课的老师都说，程老师为人很诚实，但上课很"狡猾"。他的课，有波澜，有风情，也很风骚，很浪漫。让我们来欣赏程老师的《用另一种眼光读孙犁：从

〈荷花淀〉看中国文化》教学片段吧：

师："让暴风雨来得更猛烈些吧"——这在孙犁的小说中喊是喊不出来的。那个海燕和乌云是一种什么关系？对抗对立关系。在传统的中国文学当中，典型的中国意境当中，一般来说，不出现这种意境，而是强调一种融合的关系，在人和自然之间。月亮升起来，他写得月白风清。我改一改，我随便改的，我这么改："乌云翻滚，电闪雷鸣，忽然一声炸雷，女人慌慌张张跑到屋子里"，（笑声）或者这样，写女人很坚强也可以："一声炸雷，几个雨点敲打在女人的脖子上，女人仍然在屋檐下编着她的席子，席子在闪电的照耀下就像刺向日本鬼子胸膛的刺刀。"（哄堂）孙犁的小说民族色彩浓郁，他不喜欢写那种和大自然急剧对立的环境，他所有的作品，基本上都是这种风格。所以我们用一个词来概括，人和大自然间是什么关系呢？就是同学们讲的和谐。（老师板书：和谐）这是中国文化的一个基本特点。现在西方还在学中国这个特点，包括成立环保局。人是大自然的一部分，人是大自然的产儿，所以，污染了大自然，糟蹋了大自然，就是污染糟蹋了人类的生存环境，污染糟蹋了人类自己。

这里，我穿插一下，写芦苇，中国自古以来是个很典型的意象。大家知道，写杨柳，代表什么？

生（齐答）：送别。

师：杨柳依依，随风起舞，好像缠绕着你，不让你走哇！写水的时候，那种水的柔情，是一种意象；另外，水能载舟，水也覆舟，势不可当，也是一种意象。中国古典文学当中，有许多基本定型的意象。芦苇在古代叫蒹葭，《诗经》中有一首《蒹葭》——

生1（主动站起）：蒹葭苍苍，白露为霜，所谓伊人，在水一方。（学生鼓掌，笑声）

师：哎呀，太好了，太好了！深中的学生，就是不一样！（学生欢呼）后来琼瑶写了一本小说叫什么？

生（齐答）：《在水一方》。

师：《在水一方》的电视剧主题歌，琼瑶是根据《蒹葭》这个意境来改编的，有两句，我会唱，唱给你们听听。我唱得不好。（老师深情唱道："绿

草苍苍，白雾茫茫……"学生高兴鼓掌、欢呼）

师（小结）：（充满激情地）从《诗经》到琼瑶，芦花在中国文化当中象征着爱情。芦花的圣洁，芦花的凄幽，在芦花荡，发生了多少动人心弦的爱情故事。在这篇小说中，孙犁写了芦花荡、荷花淀，通过飘落在、跳动在女人怀中的洁白的苇眉子，飘落在发际的芦花，我们可以看见，它交织了多少当时中华民族的妇女们对丈夫的思念之情，对正义战争的支持，——凝成了一曲回肠荡气的战火中的爱情。

仅仅以上一个小小的教学片段，就给人一种天马行空、变幻莫测的感觉，但程老师又是紧紧围绕着人与自然的和谐关系来展开的。在这一个教学片段中，程老师首先旁征博引，从"芦苇"到《诗经》中的"蒹葭"，到琼瑶小说《在水一方》，接着深情吟唱，最后是抒情性的小结。在这里，老师放下了自己的架子，学生忘却了老师的威严，师生的情感双向交流，智慧的火花相互撞击，整个教学过程中，程老师是根据学生情况不断调整和变化的，就像一部跌宕起伏的小说，有波澜，有风情，也很风骚，很浪漫。像这样的教学片段，在程老师的课堂教学中俯拾即是。程老师的课，就像黄山一样，充分展示了它的变化之美。

四、程老师的课像黄山一样，具有丰富之美

"五岳归来不看山，黄山归来不看岳。"黄山成为名山之最，是由于它集中了中国许多名山的优点。泰山之雄伟、华山之峻峭、峨嵋之清凉、匡庐之飞瀑、雁荡之巧石、衡山之烟云，黄山无不兼而有之。程老师认为，一流的好课，它也要集许多优秀名师的课的优点于一体，这样才会有厚度、有深度、有高度。程老师是"语文味"流派创始人，他"海纳百川"，集众多语文教育名家之所长，最终提出了"一语三文"的"语文味"教学法，主张语文教学要从语言、文章、文学、文化的角度去展开，这就注定了他的语文教学有厚度、有深度、有高度，具有一种丰富之美。他的代表课《荷花淀》就充分显示了这一点。请看程老师的课堂导入：

我也曾经调查过一个学校，问高二的学生，问他们学过《荷花淀》没有？他们说学过。问他们喜不喜欢？他们说："不喜欢。"问为什么？他们

说，老师讲《药》的时候就是买药、吃药、什么药什么药；讲《项链》就是借项链、丢项链、赔项链；讲《荷花淀》，就是夫妻话别、送夫出征、助夫杀敌什么什么，老师还在上面读呢。有句话，丈夫和妻子分别的时候说："我走了，你要不断进步，识字，生产。"她说他们同学觉得很搞笑。我说有什么好笑的？她说男同学说："男人都走了，女人还怎么生产？"（哄堂）我说这个小孩儿有点调皮哟！但他的语文还不错，他知道"生产"有两个意思。我说你们不喜欢还有一个原因：你们对中国文化不了解，有时代的隔膜。所以我说，我今天就跟大家用一种新的眼光来讲《荷花淀》，我教给大家用一种新的方法来读《荷花淀》，乃至来读其他的文化色彩、民族色彩很浓郁的小说，我今天最主要的目的就在这里。

（老师板书："用另一种眼光读孙犁：从《荷花淀》看中国文化"）

一看这个导入，就看出了程老师对文本的与众不同的深入解读。传统上，我们习惯于从社会学或政治学等角度读小说。这节课，程老师则用一种独到的眼光，从文化的角度来讲《荷花淀》，尝试把文、史、哲真正打通，充分显示了这节课的厚度、深度和高度。正如一位听完这节课的老师所说的，这节课"无论是执教者的钻研教材还是设计教法、课堂引导，程老师都达到了一种'不胜寒'的高度，没有深厚的文学功底和中西方美学的滋养，是攀不到这个高度的。"是的，《荷花淀》一课充分体现了程老师课堂的丰富之美。程老师曾说："语文课堂不仅是学生获得知识的场所，也是学生体验人生的地方。好的语文课，应该有人的体温，有灵魂的冒险，有对语言独特的敏感，它既是对文本世界的阐释和发现，也是对自我、对存在的反复追问和深刻印证。"作为一个文化人，程老师嗜书如命，不懈地阅读和思索产生的文化积淀使得他对问题有独到的认识和体会。无论是他的《荷花淀》，还是《沁园春·雪》《锦瑟》，都从文化的角度居高临下、独辟蹊径地作出自己对教材的处理和解读，这些课从大文化的视角引发学生思考，开辟出一片令人耳目一新的语文新天地。他的课，就像黄山一样，具有丰富之美。

五、程老师的课像黄山一样，具有激情之美

黄山一年四季景色各异，变幻多姿，生机勃勃，充满活力，充满激情。

程老师认为，好的语文教师、好的语文课也要充满活力，充满激情。美国学者威伍在《激情，成就一个教师》一文中指出："想要教好的教师可能在大多数情况下都是志向更高和激情奔放的。伟大至少一部分出自天赋，这是无法传播的。然而伟大的教师一定是激情的教师。"程老师正是这样一个激情的教师，他自己曾经说过："如果说传统的主张再现性的语文教学美学是一种'冷美学'，那语文味之'文人语文'教学美学无疑是一种'热美学'——我的课堂上的笑声，我的课堂上的轻松气氛，我的课堂上的激情，尤其是我的课堂上学生思维的激活与激荡（不一定要答对了才算思维激活），都是这种'热美学'的体现。"程老师的课，的确是"热"的，他的课具有一种激情之美。

《毛泽东的文化魅力与英雄悲剧——"千古第一词"毛泽东〈沁园春·雪〉文化密码解析》一课，充分展示了程老师课堂的激情之美。深圳市美术学校李海霖老师是这样描绘程老师《沁园春·雪》的课堂情境的：

"北国风光，千里冰封，万里雪飘。"一曲清唱高歌，先生拉开了公开课序幕，听得出因长期劳累带沧桑味的嗓音背后，仍不失英雄气概的穿透力。然后是传统的背景介绍，不同的是一阵阵幽默的欢笑，然后要学生齐读毛泽东的经典语录，一句"打得赢就打，打不赢就走"，又幽默地举《亮剑》国民党得出的打不过共产党的原因是共产党"乱打"，又一阵哄堂大笑，然后严肃地总结，"乱"是不照先前的章法，而是创造性地打。

......

先解读语言之美，解几处大词写大景"北国、千里、莽莽、大河"，再到一个极具创意的词的读音分析，今朝的"朝"读"zhāo"还是"cháo"，学生各抒己见，解出毛泽东的帝王霸气，念"cháo"的妙味。再品读文章之美中的景物描写，有位学生举了王国维《人间词话》大景与小景的品法，先生马上幽默道："你这么小就看王国维，我这么大还没看过呢！"全场又一片会意的笑声。再析为何景物描写只重点写"长城""黄河"，学生都能说出是中华文化的代表，是经典的人文景观，大情大景的交融性。接着品读文学之美，体会虚词"俱往矣"的"矣"的细微情感，学生踊跃发言，品到这是一个封建时代与新时代的交替，以及英雄毛泽东横跨与超越两千年的自信。

程少堂老师演绎毛泽东《沁园春·雪》

从以上两个描写的片段中，我们已经感受到程老师上课的激情，教师教得神采飞扬，学生学得兴致高涨，师生双方都全身心投入，一起探究，一起兴奋，一起活动，一起思考，一起欢呼……这是一堂酣畅淋漓的课，这是一堂激情四溢的课。程老师这种教学的激情美，在他的《用优美的汉语描绘优美的人性——〈诗经·子衿〉欣赏》课例中表现得更是淋漓尽致。《诗经·子衿》这节课是在香港上的。上课伊始，程老师让学生以"风"为中心词组词，别出心裁地导入课文，把学生带到中国诗歌的源头——《诗经》的意象中去。巧妙地导入，使师生由陌生不熟到似曾相识，再到心心相印，学生整堂课充满学习兴趣，课堂自始至终充满情趣。课堂的最后一个环节，也是课堂的高潮，是程老师要求学生根据自己的体会，创造性地给这首诗谱曲：

师：刚才我们看了那个女性的性格之美。我们花了很长时间品味这首诗的优美。最后一个环节，我们做一点点练习。先不要动笔，现在不要动笔。等一下才要动笔，现在不要。你们学过《蒹葭》没有？学过没有？没有啊？但是你好像还背得出，你来背。

生2：蒹葭苍苍，白露为霜。所谓伊人，在水一方。

师：你在哪里看过的？

生2：以前课本学过。

师：以前课本学过是吧？"蒹葭苍苍，白露为霜。所谓伊人，在水一方。"琼瑶写过一首歌，你们看过没有？琼瑶是台湾的作家。拍过一部电影，后来拍成电视剧了。谁知道？

生3：是《还珠格格》吗？

师：不是《还珠格格》。（生笑）《在水一方》啊！有没有同学知道那首歌？哪位女同学给我们唱几句？

生3：我想是不是《情深深雨濛濛》？

师：我也不清楚是哪里的，是《在水一方》吧。有没有同学知道？

生4：老师唱一下。

师：你们鼓鼓掌，我就来哼两句。（生笑）

生：（热烈鼓掌）

师：琼瑶是用现代汉语改编的，她没有直接用"蒹葭苍苍，白露为霜。所谓伊人，在水一方"。但她用了那个意境。她是这样写的："绿草苍苍，白雾茫茫，有位佳人，在水一方。"我唱几句，其他的不会。我来唱两句，酝酿一下情绪。（生笑）（师唱）

生：（热烈鼓掌）

师：我要把琼瑶写的歌词引进来，意思是说，《诗经》是用古代汉语写的，琼瑶借用了那个意境，然后用我们现代语言来改写，反映我们现代生活的。这首诗，我没有让大家翻译。那么最后一个环节，我们把这首诗改编成一首歌的歌词，我们看哪个同学改得有味道，我们带到深圳去。现在就在这个纸上写，把它写成一首歌的歌词，标题你也可以改。

生：（纷纷动笔写，兴趣很高）

师：哪位同学念一念？

生4：（一女生主动吟唱）（同学鼓掌）

师：挺好。刚才那个同学用的是《水调歌头》的调子。有没有同学按照自己的调子哼几句，把那个意境哼出来。像民歌一样哼一下。就把第一段哼一下，你看这个班了不起。

生5：我不能控制我自己，想起你那青色的衣领，牵动着我的心，却无能为力……（鼓掌）

师：深情地，你把那个衣领牵动我的心唱得很深情，把我的心也唱动了！（大笑）我叫几个同学念一下，我看你第一段写得很好！

生6：我把前面两句改为"你那青色的衣领不断扰乱我的心！"

师：你看你写得多优美！"你那青色的衣领不断扰乱我的心！"天哪，（哄堂）一个衣领就能扰乱我的心，那我们可以想象一件衣服呢？是不是啊？哪位同学再念一下呢？你们写得很好的，今天课堂上时间不够。有没有同学还想念，一句两句都可以，这个要加进自己的创造，你要把自己想象成那个深情的少女。再找个女同学念一下。你怎么写的？

生7：你那熟悉的衣领，总在我心中徘徊。

师：她写得有点诗味，她把"徘徊"用到衣领上去了，有点像我们昨天讲的"陌生化"的手段。写的是衣领在徘徊，其实是她人在徘徊，心在徘徊。写得很好！"你那熟悉的衣领，总在我心中徘徊。"很好，有点诗的意思了。从语法上讲好像有点不通，但诗里面经常有这样的句子，还有歌词里面。开始我对流行歌不是很熟悉，我很少听，我小孩在家里唱"因为爱所以爱"，（生大笑）我说怎么这个句子怪怪的？是个病句啊！时间一长，我觉得是个很好的句子，"因为爱所以爱"，没什么道理，"因为爱所以爱"，再加其他的词都是多余的。（生大笑）再加几个词进去，多余的了。

教育是一种唤醒，是一种期待，是一种激励，更是一次次激情的呼唤。这节课，程老师与学生一起朗读，一起品味，一起欣赏，一起创造，一起歌唱。透过以上教学片段，我们分明感受到了程老师那颗充满激情的年轻跳动的心。程老师的课，就像黄山一样，具有激情之美。

六、程老师的课像黄山一样，具有俗雅之美

黄山之所以为名山之中的名山，是因为它是雅俗共赏的。从古至今，无论是诗人骚客、还是文化政要，无论是村姑农妇、还是商贾农夫，一登上黄山，就说它美。名课也是要雅俗共赏的，既要让学生易懂易学，又要让学生体验文化、体验生命、感悟人生、提高精神境界。程老师的课，就具有这种雅俗共赏的特点。向晓璐、葛福安老师在《试论"文人语文"教学的互娱性》一文中就这样说道："程少堂上课的最大特点就是不管他上什么内容，课堂上的学生也好、听课者也好，包括老师自己也好，都能感受到课堂的快乐。既让人感受阳春白雪般的文化情调，也能似下里巴人般贴近生活。"的确，程少堂的

课，就是"下里巴人"与"阳春白雪"的完美融合。这种雅俗共赏的特点，几乎涵盖了他所有的代表课。如《用另一种眼光读孙犁：从〈荷花淀〉看中国文化》《千古文人〈世说〉梦——关于〈世说〉欣赏：以〈咏雪〉为例》《毛泽东的文化魅力与英雄悲剧——"千古第一词"毛泽东〈沁园春·雪〉文化密码解析》《在"反英雄"的时代呼唤英雄——〈人民英雄永垂不朽——瞻仰人民英雄纪念碑〉细读》《陌生化：艺术的"头脑"——以〈听陈蕾士的琴筝〉为例谈诗歌鉴赏》《用优美的汉语描绘优美的人性——〈诗经·子衿〉欣赏》这些课例，只要看它们的标题，就可看出，这是多么富于文化意蕴，多么高雅的主题。然而，这些大雅的东西，程老师是通过一些鲜活生动、通俗明白的话语形式表现出来的。比如，程老师的教学《荷花淀》，他讲到水生嫂的含蓄时说：

我们再穿插说一个例子。这里面讲女人去找她们的丈夫的对话，有的比较忸怩，有的比较坦率，有的找借口，说是婆婆叫的，实际是她自己想看丈夫，很正常的，这是人之常情。要是丈夫走了妻子都不思念，那就不正常了，那就糟糕了，那丈夫就不消打仗了，那敌人来了，来了就让他来吧！（笑声）正是由于敌人破坏了我们的幸福生活，我们才把他们赶走。但这些女人说得很含蓄，包括水生和他的妻子之间。为什么要含蓄？含蓄是中华民族传统文化的一个特点。我举个例子大家看一下。

（老师放投影："世上狮子爱麒麟，阿哥阿妹结同心。哪个先上黄泉路，望乡台上喊三声。"）

师：一首民歌。"世上狮子爱麒麟"，麒麟是传说中的一种动物，美的动物，比喻小伙子追求漂亮姑娘。"阿哥阿妹结同心"就是俩人很好啦，"同心"就是要好，很可能已经同居了。我把它改一改，改成："我们两个下决心，马上登记去结婚。结婚以后不变心，哪个变心不是人。"（整个过程听课师生笑声不断，全场沸腾）意思一样，味道呢，味道差些。是不是？含蓄，蕴藉，有味道，这是中华民族艺术的一个追求。含蓄也是适中和谐。

在这个教学片段中，程老师为了给学生讲清什么是含蓄这个雅的话题，用浅显易懂的大俗话作点染。让学生在笑声中领悟到含蓄之美。这种俗话看似信手拈来，烘托的却是作品包含的中国文化的基本精神，俗得亲切，俗而不低。俗是形式，雅是实质。

程老师的课像黄山一样，具有俗雅之美。

七、程老师的课像黄山一样，具有趣味之美

说句实在话，我平时是不怎么看教学实录的，因为这些课堂实录，给我的感觉多半有些味同嚼蜡。但程老师的教学实录，我却最喜欢看，尤其喜欢看他那些未删节的原生态课堂实录。看这些实录，感觉就像是在看一部妙趣横生的小说，在这部小说中，程老师讲的故事十分有趣，叙述语言十分幽默，教学手段十分好玩。例如，他的《用另一种眼光读孙犁：从〈荷花淀〉看中国文化》实录，为了让学生更深入地了解中国文化和中国女性精神，程老师采用对比改写手法分析人物对话，使得课堂上笑声不断：

再往下看，女人低着头说："你总是很积极的。"这句话，我有两种改法，丈夫要上前线去了，我这么改，女人说（撒娇地）："不嘛，你不要走嘛！"（笑声）这样可不可以？（学生答：不可以）那为什么不可以？那是个什么形象？小女人，不关心国家大事，这是现代概念，过去是不明大义。

我再改一改，女人这么说（要泼地）："行啊！你走，我搬回我妈妈家！"（笑声）可不可以？也不可以呀，要泼也不行。

接下来我们再改一句："女人鼻子有些酸，但是她并没有哭。"我把它这么改："女人的泪水直往下淌，她咬了咬牙。"可不可以？（笑声）中国文化有一个特点，就是（学生说：忍！）忍，也是对的。孔子在编《诗经》时说了句话："乐而不淫，哀而不——（学生齐答：'伤'）。"对，还是深中的同学知道。"乐而不淫"是"富贵不能淫"的"淫"，这里的意思是乐而不过度，哀伤的时候也不过度，在这个地方也是一样的，主要是表现觉悟了的中华民族的女性的精神状态。

再看第3页，"水生说：'不要让敌人汉奸捉活的。捉住了要和他们拼命。'这才是那最重要的一句。女人流着眼泪答应了他。"这是表现了妻子对丈夫的忠贞。我觉得我们现在的人还是要学习这些传统美德。因为有时候，似乎看到在有些地方、有些场合有的人表现得太随便了。这句话，我把它这样改一改，看行不行？看是不是中国传统文化所要求的？水生说："我走了，很可

能回不来，因为要打仗了。要是我回不来，你看着办吧。你也不要太死心眼，你看着办吧。"（哄堂）

实录如此，亲临程老师的课堂，更能感受到他的有趣、有味、好玩。《人民英雄永垂不朽》本是一篇说明文，我听过不少老师讲过这篇文章，教者无趣，学者索然。然而，就是这样一篇说明文，程老师却讲得妙趣横生。据不完全统计，在这次的课堂上，同学们因同学稚嫩有趣的回答及老师风趣幽默的讲解而发出的愉悦笑声多达41次，因为叹服同学在老师的引导下作出的精彩回答而爆发的掌声也此起彼伏。

程老师戏言："有的老师本人很幽默，在办公室里很幽默，一上课就不幽默了。这些老师们去上课的表情和电影里革命先烈奔赴刑场时那慷慨、决绝的表情如出一辙。他们上课不是师生共享的课堂，是师生共同难受、互相折磨的课堂。为什么孩子上课会昏昏欲睡，你难道不能把课上得好玩一点吗？"为了把课上得好玩，程老师自己是煞费苦心的。甚至有人认为，程老师是一个很"花心"的人，他千方百计变着手法玩教材、玩课堂。

在《把玩诗歌——〈你是我的同类〉》一课的教学中，程老师的"玩"分为三个过程：玩标题，比较"你是我的同类""我是你的同类"的区别，探究主语次序的讲究对诗歌内容的表达有什么影响；玩点睛句，通过改变诗歌的点睛句"不是吗/孩子"中的人称，引导学生体会一切美好情感，甚至是对上帝、对伦理道德的向往；玩句子顺序，体会情感的不同表达方式。在课堂结束前，他将玩李白的诗歌作为迁移与补充：

师：最后，我把大家小时候都背过的一首李白的诗写出来。（板书："床前明月光"）我就不写后面了，你们肯定背得下来。我的意思是说，这诗大家都背得下来："床前明月光，疑是地上霜。举头望明月，低头思故乡。"有时候啊，我们可以把它变一变：

床前

明

明

明

月光

月光

师：也可以是吧？它也是一句诗啊！（示意并指挥同学一起）来，接着来（在老师带领下，师生齐诵）：　疑是

地上

师：（示意并指挥同学）再重复一下，

（师生深情并茂地齐声背下去）

地上

霜

师：（示意并指挥同学）再重复一下吧：（在全场异常高涨的情绪中学生和老师齐诵）

霜

霜

举头

望

望

望

明

明

明

月

低头

思

思

思　故

故　乡

故　乡

师：（面对高度兴奋的同学）这好玩是吧？它也是诗啊！而且是不错的诗！好，这节课就上到这里。下课！谢谢同学们啊！

程老师就是这样玩课堂、玩教材，引领着学生在玩中感受语言之美，文章之美，文学之美，文化之美。

程少堂老师认为，语文教师要变着花样讲课，就像我们天天要变着花样吃菜一样。"在艺术和技术领域，'玩'是一种高层次高品位的审美境界。庖丁解牛就是'玩'。处于'玩'的境界才能出艺术精品，才能在出艺术精品之时享受到'提刀而立，四顾踌躇'的高峰体验。语文教师要成为名师，也要会'玩教材'。'玩教材'是优秀语文教师必备的素质。"程老师可以说是我们语文教育界的"庖丁"，是"玩教材"的高手。我去过黄山，黄山的确是有趣的、有味的、好玩的。我听过程老师的课，程老师的课，也的确是有趣的、有味的、好玩的。程老师的课，就像黄山一样，充满趣味之美。

据说，俄国著名的文学家、伟大的诗人普希金每每创作完自己最得意的作品，总会对着镜中的自己大骂一声："普希金！你这婊子养的！"我每每听完程老师的一节课或看完程老师的一个课堂实录后，也想像普希金一样"骂"程老师一句。的确，程老师的每一节课和每一个课堂实录，都是巅峰之作，都能给人带来巅峰体验。黄山，有"震旦国中第一奇山"之称，又有"五岳归来不看山，黄山归来不看岳"的说法，可见它在人们心目中的地位了。程少堂的课，就是我心目中的一座黄山！

（2014年2月15日于深圳市南山区桃源村可人书屋，该文发表于《中学语文》2014年第6期上）

语文味教学法在诗歌阅读教学中的运用

中国是诗歌的国度。诗歌发展经历了《诗经》→《楚辞》→汉赋→汉乐府诗→建安诗歌→魏晋南北朝民歌→唐诗→宋词→元曲→明清诗歌→现代诗的发展历程。诗歌是中华民族灿烂文化的精髓，是传承民族灵魂的优质载体，诗歌教学是语文教学不可或缺的重要组成部分。各种版本的中学语文教材收录了大量古今中外的优秀诗歌，数量之多，内容之博，是前所未有的。然而，学生在学习诗歌的时候，往往因诗歌中离散的形象内容而困惑，他们难以把握诗歌词语的含义，不善于进行积极的想象，发现不了作品中的弦外之音、韵外之致。一谈到诗歌，就慨叹读不懂，太玄乎，不愿去读，以致在上课时气氛沉闷，实效性差。那么，如何才能提高学生的诗词阅读与鉴赏能力？这无疑是摆在我们面前的一个亟待解决的难题。这就要求我们在诗词的教学中进行改革。语文味教学法，正是一种能提高学生学习诗歌兴趣的教学法。

本章主要在分析诗歌的基本概念、特征、传统教学法在诗歌教学中的优缺点的基础上，重点谈谈语文味教学法在诗歌教学中的具体运用。

一、诗歌概念的界定

1. 诗歌的核心概念

学术界普遍认为，诗歌起源于上古时的社会生活，是因劳动生产、两性相恋、原始宗教等而产生的一种有韵律、富有感情色彩的语言形式。早期，诗、歌与乐、舞是合为一体的。《尚书·虞书》中说："诗言志，歌咏言，声依永，律和声。"《礼记·乐记》中也说："诗，言其志也；歌，咏其声也；舞，动其容也；三者本于心，然后乐器从之。"诗即歌词，在实际表演中总是配合音乐、舞蹈而歌唱，后来，诗、歌、乐、舞各自发展，独立成体，诗与歌统称诗歌。目前，诗歌已经成为诗的代名词了。诗歌是高度集中地概括反映社会生活的一种文学体裁，它饱含着作者的思想感情与丰富的想象，语言凝练而形象性强，具有鲜明的节奏，和谐的音韵，富于音乐美，语句一般分行排列，注重结构形式之美。

2. 诗歌的基本特征

中国现代诗人、文学评论家何其芳曾说："诗是一种最集中地反映社会生活的文学样式，它饱含丰富的想象和感情，常常以直接抒情的方式来表现，而且在精练与和谐的程度上，特别是在节奏的鲜明上，它的语言有别于散文的语言。"这个定义性的说明，概括了诗歌的几个基本特征：

第一，高度集中、概括地反映生活。

第二，抒情言志，饱含丰富的思想感情。

第三，丰富的想象、联想和幻想。

第四，语言具有音乐美。

3. 诗歌的主要分类

诗歌的分类有多种方法，根据不同的原则和标准可以划分为不同的种类。按时间分，可分为古代诗歌和现代诗歌，古代诗歌包括《诗经》、《楚辞》、汉赋、汉乐府诗、建安诗歌、魏晋南北朝民歌、唐诗、宋词、元曲等，现代诗歌指"五四"以后产生的新诗。按内容来分，可分为叙事诗、抒情诗、送别诗、边塞诗、山水田园诗、怀古诗（咏史诗）、咏物诗、悼亡诗、讽谕诗等。

二、传统教学法在诗歌教学中的运用及评价

（一）诗歌在语文教学中的地位

2000年颁发的《全日制普通高级中学语文教学大纲（试验修订版）》，对诗歌教学，尤其是古典诗词教学提出了新的要求，要求学生能"诵读古典诗词"，"理解词句的含义和作品的思想内容"，"背诵一定数量的名篇"，"学习用现代观念审视作品的内容和思想倾向"。2003年，我国颁布了《普通高中语文课程标准（实验）》，在必修课程的课程目标中明确指出："阅读优

秀作品，品味语言，感受其思想艺术魅力，发展想象力和审美力"，"努力提高对古诗文语言的感受力"，"通过阅读与鉴赏，深化热爱祖国语文的感情，体会中华文化的博大精深、源远流长，陶冶性情，追求高尚情趣，提高道德修养"。为体现新课标课程设计理念，各种版本的语文教材，都收录了大量的诗歌。以粤教版为例，在整个高中阶段五册必修课本中，共选录了27首古典诗词，17首现代诗歌，另外还有一本《唐诗宋词元散曲选读》（选修），包含了74篇古典诗词，可以说，高中三年下来，学生几乎浸润在了诗词的琼浆玉液中。

综合分析这些入选高中语文教材和语文读本的诗歌，我们发现，这些作品，从时代上，起自《诗经》，下迄当代，整个中国社会各个重要历史时期均有作品入选；以诗人论，入选诗人几十位，都曾在中国历史的各个领域、各个时期做出过重大贡献，产生过重大影响；从作品的风格来说，举凡中国诗词史上重要的诗词流派都有其代表性作品入选，如田园诗派、边塞诗派、豪放词派、婉约词派等；以诗词的体裁而言，诗、词、曲及古代民歌，五言、七言绝句、律诗、歌行、长调、小令、现代诗歌等，无不齐备；从诗词的内容上看，抒发感情、关心民生、探寻哲理、怀乡思亲、爱国言志、模山范水、咏史怀古等，都有经典性作品入围；可以说，这些作品大致反映了中国诗词发展的面貌和取得的巨大成就，摆在教师和同学们面前的无一不是文质兼美、脍炙人口的传世佳作，具有强烈的艺术感染力和较高的美学价值，发挥着启智、求真的功能。可见，中学语文教学对诗词鉴赏的重视已提到了一个前所未有的高度。

（二）传统教学法在诗歌教学中的运用

传统教学法在诗歌教学中注重知人论世，注重对诗歌的识记背诵，注重对诗歌字词的落实，注重对诗歌主题的把握，注重对诗歌艺术特色的分析。这种教学法遵循作者介绍、背景分析、内容讲解、特色把握的思路，条理性强，层次清楚。但这种教学法，按程少堂老师的教学三个世界的划分，属于第一世界，即客观性的教学世界。"具体说，就是教师在语文教学过程中基本上只是如镜子一样反映文本的思想内容，教师主体基本上只是作为文本的传声筒起作用。""其主要特点是只重视研究语文教学过程中的'象'（文本思想内容、表达形式，教学手段、环境等），而不研究或很少研究教师、学生的生命体验

（'意'）如何与文本思想内容相结合。"[1]这种传统教学法，在诗歌教学中，有明显的不足。浙江省玉环县教育局教研室徐朝晖和浙江省玉环县玉城中学叶红珠老师在《基于接受美学的中学古典诗词教学》一文中，对此有比较详细的分析，现吸收他们的一些观点，并根据自己的体会，对传统诗歌教学法的不足作如下分析：

1. 以理性分析代替感性领悟，没有个人的生命体验

华裔美籍著名诗人、学者叶维廉说："诗人多不愿谈自己的诗，这常常被视为一种烟幕，一种故作的姿态。这是不大公平的看法，因为根深在诗人的意识里的美感视镜，是不容分析、解说的程序的；这种程序，无论你如何的诡奇，都会破坏一首诗的机心。诗不是分析网中的猎物。"[2]

诗人不愿自己去谈诗，就是不愿把诗歌意象分解开来。然而我们现在的诗歌教学状况是，诗歌教学中的"分析""分解"已经变得无孔不入了，老师不是花时间去教学生领略诗词的意境，相反地，总是不厌其烦地讲解诗词的所谓艺术手法、中心思想、文学常识、人物形象、写作特色、修辞手法、词语使用等，这是对诗歌教学功能的一种片面化认识，只是着眼于某种狭隘的语言因素和知识因素，而忽视了诗词中更为重要的思维因素和情感因素。在这样的课堂教学中，学生作为阅读主体，主体性已基本丧失，自己的理解空间极小，感性的领悟更是无从谈起。

笔者曾听过一节某教师讲的李煜的《虞美人·春花秋月》的公开课，教师领着学生逐字逐句地分析字句的意义，然后就是归纳词的主题："这首词表现了李煜的故国之思、失国之悲、亡国之痛"，而词的意境，如"春花秋月"的感伤，"小楼昨夜又东风"之"又"的语言的形象与精练，教师都没有引导学生去品味感悟朗读，老师冷峻的思考代替了学生丰富的想象，冷漠的逻辑演绎取代了师生炽热的情感体验。教师的讲授应该能够和学生的生活、人生经历结合在一起，让学生在教师的讲解中听出自己的生活，读出自己过往的人生经历。诗歌内容描写的不是另外一个世界的事情，这些诗歌中的字句、情感、哲理确乎关己。教师在整个教学过程中应起到桥梁作用，桥的一边是教材课文或勾勒或描摹的人文世界，桥的另一边是学生们纯真的心灵世界，教师应该是沟通现实的人文世界和内在的心灵世界的一座桥梁。

2. 以一元阐释取代多元解读，缺乏个性化理解

每一首诗都是一件玲珑剔透的艺术品，无论从哪个角度欣赏都能发现它的美，所谓"横看成岭侧成峰，远近高低各不同"。"有一千个读者就有一千个哈姆雷特。"每个读者都有着独特的阅历和情感，对它自然也会各有感触。学生完全可以从自己的经历经验出发，展开纵横驰骋的想象，创造性地理解作品。《高中语文课程标准》中关于"阅读与鉴赏"，就明确提出课程目标为"……对文本能做出自己的分析判断，努力从不同的角度和层面进行阐发、评价和质疑"，"注重个性化的阅读，充分调动自己的生活经验和知识积累，在主动积极的思维和情感活动中，获得独特的感受和体验"。

反观我们的诗歌教学，我们发现，一些教师往往以参考书为依据，向学生灌输标准答案式的结论，以教师的独断专行代替了学生的多元理解。学生按照教师的要求理解了作品，掌握了知识，却错过了一次创造性的审美经历。这种呆板、僵硬的教学模式严重扼杀了学生的个性。让最富空灵性，最能培养学生创造性的诗词失去了它的特有魅力，这不能不说是我们教学的失败。记得在一所普通高中听一位老师给学生讲李商隐的《锦瑟》，在学生通读一遍之后，教师提出一个问题："你认为作者在这首诗中表达了什么？"学生可能课前预习比较充分，于是一个个踊跃发言，有的学生认为，这首诗表达了一种爱情，说李商隐曾经像庄周梦蝶一样沉迷在美好的爱情中，最终只能像望帝那样，把自己的爱恋托付给杜鹃。有的学生认为，这首诗是感叹人生，"庄周晓梦"句说人生如梦美，"望帝春心"句说人生如寄短，"沧海月明"句说人生如泪悲，"蓝田日暖"句说人生如烟幻。有的学生认为，这首诗是隐喻仕途，"庄周晓梦"句是说在党争中无所适从，"望帝春心"句是说在仕途上也曾努力，但没有人帮助自己。用"沧海遗珠"比喻怀才不遇并为之哭泣，用"美玉生烟"暗喻自己不得志但文采声名闻于世。教师在听取学生的回答之后，就肯定了"爱情说"，接下来的半节课，老师就大谈李商隐晚年与一位姓宋的宫女的隐秘的爱情。教师忽视了学生对此诗的多元理解，忽视了学生阅读主体的感受，也忽视了对语言这样精美的诗歌文本的品读。实际上，人们对这首诗歌的解读是说法不一、众说纷纭的。一首《锦瑟》诗，一道千古谜。作家王蒙认为，像《锦瑟》这类诗"没有定解也就是可以有多种解"。他认为："情种从

《锦瑟》中痛感情爱，诗家从《锦瑟》中深得诗心，不平者从《锦瑟》中共鸣牢骚，久旅不归者吟《锦瑟》而思乡垂泪。"优秀的诗词本来就是一块多棱多角的水晶石，在不同的光线下，在不同人的眼光中闪耀着不同的光芒。教师在教学中应引导学生设身处地地去感受体验，应重视对作品中形象和情感的整体感知与把握，应注意作品内涵的多义性和模糊性，应鼓励学生积极地、富有创意地构建文本意义。

3 以功利思想遏制审美冲动，缺乏教学的诗意灵动性

诗歌欣赏在某种程度上是排斥功利思想的，诗词教学过程应当是完整合理的艺术审美过程，这个过程必须引导审美主体超越功利目的，必须强调学生主体对审美对象展开活跃的心理活动，使学生主体在追寻和发现中得到无穷乐趣。休谟曾提出，美"只存在于鉴赏者的心里，不同的心会看到不同的美"。

但我们的诗歌教学，受传统诗教的影响，更主要的是受多年应试教育的影响，老师教给学生的不是怎样去领略美、鉴赏美，而是怎样去猜测命题者的命题意图，怎样防止被命题者套住，去操练如何运用适合评卷老师口味、命题者意图的文字答题。其中的情感、意境被抽象的概念替代，具体化为一道道客观而又标准的试题，成了知识点，失去了学生内化的需要。本应有广阔天地的诗词就没有了一点伸缩的空间。试想，学生就是把李煜的"剪不断，理还乱，是离愁，别有一番滋味在心头"背得烂熟，恐怕也很难理解其中的滋味。考试中，不是有很多学生把杜牧的"停车坐爱枫林晚，霜叶红于二月花"中的"坐爱"二字写成"做爱"了吗？

此外，教学过程的程序化和教学形式的单一化，即"一解题、二释词、三译句、四总结"之类的工艺化的切割肢解的拼搭组装，以及与之相呼应的"一张嘴一支笔"单调乏味的讲述与板书，也在一定程度上降低了诗词教学的趣味性，抑制了学生学习的主动性和创造性，使诗词教学失去了诗意的灵动性。

三、语文味教学法在诗歌教学中的运用

随着教育界对传统文化的重视，诗歌教学更应该予以关注，课堂上的诗歌教学的质量关系到学生们对中国传统文化的了解和热爱，因为诗歌不但能

够丰富知识，增强底蕴，更能够培养学生的爱国意识和民族自信心，因此，有必要在诗歌的课堂上采取一种全新的教法。我们呼唤一种新的理念，"一条全新的可资借鉴的'陌生化'（此处借用俄国形式主义批评术语，指教学内容和方法都要不断更新，要使熟悉的变得陌生，给人以新鲜的刺激）思路，来给诗歌教学一个建设性的冲击"。语文味教学法正是这样一种"陌生化"的甚至是"另类"的教学法。语文味教学法是一种"有温度"的教学法；语文味教学法要求语文教师要像艺术家打造艺术作品一样，把课堂教学打造成自己的教学艺术作品；语文味教学法能让语文教学过程产生教学审美意象，即让语文教学过程真正成为创造美的过程；洋溢着浓郁语文味的语文课堂教学艺术作品要通过语文味教学艺术手段来创造；语文味教学法主张语文教学过程要做到真、善、美、乐相统一；为了教出语文味，通过十年探索，程老师探索出一个行之有效的语文味教学程式或模式，就是"一语三文"，即通过语言——文章——文学——文化四个逐层深入的层面的教学教出语文味。作为新时代的语文教师，我们有必要且有责任改革我们的诗歌教学，我们要借诗歌世界的文字之美、文韵之美、文句之美、文辞之美、文段之美、文风之美、文体之美、文化之美，施行崭新的诗歌教学模式，努力让学生成为一个文学人、文化人、语文人，使诗歌能够更喜闻乐见、更生动活泼地走进学生的心田，更加充分地发挥它的育人作用。程老师的语文味教学法设计就注意从语言、文章、文学、文化的角度推进课堂教学，使我们的教学体现出浓浓的语文味。

现结合"语文味""一语三文"的内涵，谈谈语文味教学法在诗歌教学中的运用。

语文味教学法，通常的教学模式是：语文＝语言×（文章＋文学＋文化）。通常的教学程序是语言的品味——文章的玩味——文学的意味——文化的体味。这种教学法有如下六个明显的特点：①重"表现"，求"有我"；②重"抒情"，求"审美"；③重"写意"，求"意境"；④重"功底"，求"积淀"；⑤重"生成"，求"灵动"；⑥重"生命"，求"立人"。这六个特点贯穿于"语言的品味""文章的玩味""文学的意味""文化的体味"这四个环节之中。

（一）诗歌教学中的语言品味

我们鉴赏一首诗，首先接触到的是语言。在语文味教学法"一语三文"教学模式中，"语言是其中的基点和中心点"，这是基于语文教育的基本规律和公认的语文教学常识而提出来的。典型的"一语三文"的语文味教学法，第一个步骤，就是语言的品味。诗歌，作为语言的最高级形式，是对美的一种极致追求，自然也更强调语言的品味。"一语三文"语文味教学法对语言的品味通常采用如下方法：

1. 通过朗读去品味语言

程少堂老师说："对课文中一些优美的文学作品，特别是诗歌，要特别注重朗读，通过朗读、背诵，让学生积累语感。读中自有好语感，读中自有语文味。读是语文教学法的根本，也是语文教学的第一教学法。"纵观程少堂老师的代表课，朗读，是一个重要的环节。尤其是他的诗歌代表课，《用优美的汉语描绘优美的人性——〈诗经·子衿〉欣赏》《把玩诗歌——〈你是我的同类〉》《毛泽东的文化魅力与英雄悲剧——"千古第一词"毛泽东〈沁园春·雪〉文化密码解析》《天下第一朦胧诗——〈锦瑟〉中国诗歌美的"四个代表"》十分重视通过朗读来品味诗歌语言。如《把玩诗歌——〈你是我的同类〉》第一个教学环节就是反复吟诵，探讨"诗意"。先叫学生个别读，然后齐读，先女生读，再男生读，在读的过程中，从音质、音调、节奏方面去把握诗歌情感，品味诗歌语言。

在《把玩诗歌——〈你是我的同类〉》中，程少堂先生引导学生反复读，"慢一些，快了就不深情了"，结果学生读得越来越好，越来越深情，学生通过读，初步感觉到了这首诗歌的诗意。朱光潜先生在论述四声与中国诗的节奏时说："音律的技巧就在于选择了暗示性或象征性的调质。比如，形容马跑时多用铿锵急促的字音，形容水流时宜多用圆滑轻快的字音，表示哀感时宜多用音调低沉的字音，表示乐感时宜用响亮清脆的字音。"声情并茂地朗读能唤起学生对诗歌美的直觉，促进学生对作品的理解。

受程老师的影响，我在讲授程少堂老师创作的新诗《荒原中的舞蹈》时，也采用了语文味教学法中的手法，通过朗读来品味语言。《荒原中的舞蹈》，在我看来，是一首十分优美的新诗，在讲授这样的美文时，除诗歌本身内涵值得反复品味外，诗歌节奏、韵律、语调等这些外在的形式美都有着特定的教学意义。因此，在教授这首新诗时，我从朗读的角度，分三个朗读的层级来指导学生学习这首诗歌，让学生在读中识、读中悟、读中问、读中说、读中议。设计的朗读方法也多种多样。

有"原版"朗读，要求学生正确流畅地朗读全诗。有"花样"朗读，感受诗歌的节奏感和韵律美，模拟"领唱""合唱"的方式朗读诗歌，采用"男领""女领""男合""女合""众合"等方式朗读诗歌，把诗歌创意地处理，让学生朗读。比如诗歌第4小节，我是这样指导学生朗读的：

（男领）我为天地而舞

（众合）天地是我的观众

（女领）我为自己的内心而舞

（众合）我是我自己的观众

……

（男领）我为我的死亡的祭日而舞

（女合）独舞

（女合）独舞

（众合）不在独舞中爆发

（众合）就在独舞中寂灭

作者指导学生朗读

通过"花样"朗读，学生兴致盎然地把握了诗歌的节奏和情感。

诗歌的课堂教学不仅仅是方法和策略，更是一种艺术。需要教师用一种诗人的气质和浪漫来引领和打造。只要用心、用情，师生便可享受到诗意的课堂，共度一段温暖而百感交集的美好的生命时光。比如，《荒原中的舞蹈》，诗歌最后一节，原诗是这样写的：

> 有一种舞蹈在荒原
>
> 那是独舞
>
> 因为荒原中过去没有群舞
>
> 我把我的尸体栽种在荒原
>
> 它会发芽，之后会开花
>
> 在花的海洋浩瀚成群舞

在课堂教学中，我是这样创意设计朗读的：

（男领）有一种舞蹈在荒原

（众合，"独舞"每行声音由大到小）

> 那是独舞
>
> 独舞
>
> 独舞
>
> 独舞

（男领）因为荒原中过去没有群舞

> 我把我的尸体栽种在荒原
>
> 它会发芽，之后会开花

（众合，"开花"每行声音由小到大）开花

> 开花
>
> 开花

（众合：站起来以最洪亮的声音读）

> 在花的海洋浩瀚成群——舞

这样创造性的朗读，激发学生朗读的热情，学生情不能自已，通过反复的诵读加深了学生对诗歌内容的准确理解，使学生充分体会到诗人的思想感情，受到美的熏陶。人类是诗意地生活在这个星球上的！从本质上讲，每个人都是诗人，诗情、诗意、诗心、诗性潜藏在每个人心中。因此可以说，优美的诗词佳句的诵读，能够唤起学生的情感，激发他们的兴趣。

程少堂先生认为，在诗歌教学过程中，教师要教有所得，学生要学有所获，就应该反复诵读。目视其文、口发其声、耳闻其音、心通其情的反复诵读是一种心理感应的过程，是由感性认识上升到理性认识的过程。语文味教学法告诉我们，诗歌教学就该多一些声情并茂的诵读，少一些学究解经式的分析；多一些陶情冶性的快乐，少一些正襟危坐的严肃；多一些联系自我的体验，少一些微言大义的挖掘。

2. 通过比较去品味语言

程少堂老师告诉我们，比较是一切理解和思维的基础。有比较才有鉴别。比较中的品词赏句是语文味教学法常用的一个方法，因为学生在不同词语、不同句式、不同语序的比较中，能发现课文中语言运用的妙处，语文味才能得以体现。如程少堂老师在教学《陌生化：艺术的"头脑"——〈听陈蕾士的琴筝〉为例谈诗歌鉴赏》一诗时，就采用了比较法去品味语言。程老师说："同学们思考讨论一下。'他的宽袖一挥，万籁就醒了过来。自西湖中央，一只水禽飞入了湿晓。'这个西湖我们可不可以改为长江，或者是珠江。或'维多利亚港湾的中央'？"学生说："不行，因为长江、珠江、维多利亚港湾的水没那么平静。"老师接着问："那为什么要用平静的水来写呢？"学生说："这样比较优美一点，长江一开始就波涛汹涌。西湖一开始只是很平静，好像演奏没开始的样子。"在这个教学片段里，老师运用比较法，就让学生和作者进行了心贴心的沟通和交流，就让学生对作者在语言运用上的精妙之处心领神会。

我在讲授程少堂老师的诗歌《荒原中的舞蹈》一诗时，也采用了比较法来品味其诗歌语言。这首诗的最初版本与我所教时的版本就有许多不同之处，如诗歌第二节的开头，初稿与定稿就有些不同。于是我把初稿与定稿并列展示出来：

初稿和定稿

初稿	定稿
有一种舞蹈　在荒原 那是仓颉和文字 激情的恋爱	有一种舞蹈　在荒原 那是仓颉和文字 火辣辣的恋爱

接着让学生仔细品味一下这两种写法，以研究的形式、欣赏的眼光，去感悟、去发现两种写法的不同，看是"激情"好还是"火辣辣"好？学生踊跃发言。有的说初稿"激情"要好，有的说定稿"火辣辣"好。通过师生讨论，学生们最终认为，还是"火辣辣"好。因为"激情"这个词太抽象，"火辣辣"这个词则是"激情"的具体体现，"火辣辣"比"激情"来得更形象生动、更可感，它给我们一种用舌头能够接触到的味觉，还有一种用鼻子能闻得到的嗅觉，这个词，更有语文味。就这样，我通过比较法，使学生立体地、多角度地感受到了这种激情，感受到了诗人内心那种炽热的情感，那种创造的冲动。

再好的诗歌，其内容和情感也是借助语言来表达的，诗歌是语言的艺术，诗歌的魅力就是语言的魅力。如今诗歌教学大多仍偏重于"思想教化"，而忽略了语言本身。古人讲究炼字炼句，即锤炼诗歌的语言。诗人创作诗歌就是对语言的一种个性化、艺术化的运用，融入了诗人极具个性的情感体验，熔铸了诗人的思想。因此，诗歌教学必须专注于对词语的选用、对语言的锤炼，专注于一词一字甚至是一个标点、一处停顿。对这类词语，要反复咀嚼品味，领略其深刻的含义、隽永的意味。

3. 通过吟唱去品味语言

打开诗歌发展史，我们发现音乐和诗歌原本就是密不可分的。《诗经》当初就是音乐、舞蹈、诗歌三位一体的。屈原是在楚歌的基础上创造了楚辞，汉武帝设置乐府为诗歌配曲，而宋词元曲更是把诗和音乐融合在一起。时至今日，仍有许多词曲被广泛吟唱。正因为诗歌具有这个特点，语文味教学法也十分注重通过吟唱去品味诗歌语言。

《诗·大序》言："诗者，志之所之也。在心为志，发言为诗。情动于中而形于言，言之不足，故嗟叹之，嗟叹之不足，故咏歌之，咏歌之不足，不知手之舞之足之蹈之也。"这几句话，从创作者的角度揭示出了诗歌抒发性情的本质；但从接受者的角度来看，其实也道出了我们领悟诗歌的秘诀，其中歌咏之，应该是领悟诗歌的最高境界。

我在讲授李煜的《虞美人》一课时，最后一个环节也采用了吟唱法：

师：鉴赏诗歌的最高境界就是吟唱，词都是可以唱的。我不善于唱歌，

但我却喜欢唱《虞美人》。（教师用男中音吟唱《虞美人》，学生如醉如痴）

再让我们随着邓丽君的歌曲走进李煜的内心吧。

接着我播放《虞美人》歌曲。教室里寂然无声，随着音乐的渐渐展开，学生情不自禁地跟着吟唱，歌声回肠荡气，作者一字一泪，读者一字一泪，歌者一字一泪，师生一字一泪，《虞美人》鉴赏达到高潮。

与学生一起演唱《虞美人》

诗文的教学需要激情，需要发现，需要陶醉。现在有的语文老师教诗，过于理性化，像教说明文那样冷静，图解式地分析，没有诗的意境。我想，我们语文教师应当站在诗人的高度，用浪漫主义色彩去教诗。

程少堂老师说，语文教师要有敢于走"野路子"的胆量。"敢走野路子的教师，往往有活力、有激情、有创造性，敢胡思乱想，有时还会出奇制胜。"这节课，由于采用把玩句子的手法来品味语言，学程老师，走了一点"野路子"，尽管有邯郸学步之嫌，但还是取得了出奇制胜的效果。教师教得非常投入，学生也学得兴致盎然。

其实，在品味语言方面，语文味教学法还采用其他方法，这里不再一一赘述。

（二）诗歌教学中的文章玩味

从静态角度看，语文味教学法由语言、文章、文学、文化四大元素构成。一篇课文或一个单元的课文，它既可以是文章的，也可以是文学的，同时还可以是文化的，语言则更是作为载体渗透其中。程少堂老师在他的《建构一种新的教学法：语文味教学法》一文中，明确指出，在语文味教学法中，语言是其中的基点和中心点，文章则是重点。程老师特别强调"文章"是语文味教学法的重点。关于"文章"，语文味教学流派是这样解释的："这里的文章，包括文章的信息（材料、意旨、感情等）、体式（结构、语体、体裁等）、技法（篇法、段法、句法等）。"这种解读，为教学中"文章领会"环节的选点提供了广阔的空间。程少堂老师在语文味教学法中，十分重视"文章玩味"这个环节。他的《人民英雄永垂不朽——首都人民瞻仰人民英雄纪念碑》和《虽有佳肴》自不必说，他的诗歌教学课，也十分重视"文章"选点。

且看他的《诗经·子衿》教学片段：

师：下面还有个问题，这首诗有三段，我们从结构上看一下，这三段能不能把顺序颠倒一下，为什么？

生：（讨论）

师：这是结构问题。我找一位，来，这位女同学。

生：我觉得不行，因为这三段的关系是一种层层递进的关系，比如说吧，第一段"青青子衿"第二段"青青子佩"。"衿"是领子，看了看那个领子。"佩"是那个男的随身戴着的东西。所以说就有种递进的关系，然后看后面，"子宁不嗣音？"还有"子宁不来？"，前一个就是传递一种讯息，后一种就是说要去找她。所以说就是递进的关系。

师：你普通话说得很好！说得很好！是不能够换的。第一句话，我不一定赞同，说领子和那个佩，佩玉那个佩戴是递进关系，不是很好说。但是其中的情感是这样的，不仅记得青青的领子，而且记得青青的佩带。第一段说，即使我不到你那里去，你怎么不给我带个口讯来之类的？带个口讯来让我放心嘛。这里有一个字要注意：第一段是"悠悠我心"，第二段是"悠悠我思"，一"心"一"思"，有何细微区别？一个是具体的"心"，一个是抽象的"思"，那意味着，思念的人不仅牵动了她的肉体，更牵动了她的灵魂。后面就是她的情感压抑不住，即使我不去，你怎么也不来看看我啊？前面只要带口讯，后面带口讯还不行，要来看看我。这个当然要求更强烈，这个情感是在递进的。这个递进关系刚才那个女同学说得很好。所以，在结构上，我们说这样优美的汉语，也体现在结构的精确上。文章的安排，顺序不是随意安排的。

程老师在这里是分析诗歌的结构。诗歌结构是一种逻辑的东西，正如程老师在《语文味教学法：一个典型案例的展示、解剖与解说》一文中所说：起承转合是文章结构的基本规律，与思维、逻辑训练密切相关。思维、逻辑本是一种很抽象的东西，很难讲出语文味，但程老师对这首诗歌的品味却品得妙趣横生。学生在轻松愉悦中就领会了这首诗歌的文章（结构）之美，达到了文章思路、学生学路、教师教路的高度和谐统一。

我在讲授《荒原中的舞蹈》一诗时，也注重了对该诗结构的把握。我说："诗歌开头第一节，中间第五节，还有结尾那一节，都是'有一种舞蹈在荒原/那是独舞/因为荒原中没有群舞'这几句，诗贵精练，我看，只要出现一次就可以了，把第五节和最后一节去掉也是可以的。"我刚说完，学生说，不行。我问为什么？学生说，这种重复，不是啰唆，在意思表达上，更能突出诗人勇于创新、不断进取、不断奋斗的唐·吉珂德式的悲壮情怀，在结构上，继承了《诗经》间隔反复、重章叠唱的写作手法，有一种如泣如诉、一唱三叹的回环美。

"文章"领会环节是语文味教学法"一语三文"（语言、文章、文学、文化）模式中的重点，也是语文味教学法的一个难点。在诗歌教学中，如何让学生领会诗歌"文章"之妙，我研究了程老师代表课例的"文章"环节，发现程老师在实施这个环节的教学时，主要运用了如下手法：

（1）用设置悬念的方式，激起学生好奇心，教师不断点拨，引领学生领会诗歌"文章"之妙。

（2）用主问题设计法，激起学生探求的兴趣，教师启发诱导，引领学生领会诗歌"文章"之妙。

（3）用对比手法，牵动学生的思绪，组织学生议论，引领学生领会诗歌"文章"之妙。

（4）用意理阐发和幽默点染手法，点燃学生的学习热情，让学生的思路顺着诗歌的思路而延伸，让学生在愉悦中领会诗歌"文章"之妙。

程老师通过以上手法，改变了传统诗歌教学法的教师滔滔不绝地讲，学生静静地听的课堂结构模式，学生占有的时间大大增加，学生进行思考、讨论、交流等活动，成为课堂教学活动的主流，这就决定了程老师在"文章"这个教学环节的教学效果，当然也使语文味教学法在"文章"这个教学环节必然显得生动活泼、妙趣横生。

（三）诗歌教学中的文学意味

从语文味教学流派对"文学"的解读可以看出，语文味教学法对文学的关注主要是探究语言的情景化、语言的个性化、语言的形式美和怎样刻画文学形象的问题。文学欣赏环节是语文味教学法中的"美点"。程少堂老师在他的代表课中，根据文本的特点，十分注重文学的选点。尤其是他的诗歌教学方面的代表课，更是文学韵味十足，使他的课堂教学魅力十足。比如，他在《诗经·子衿》课例中，就十分巧妙地引导学生去把握女主人公形象：

师：在《诗经》产生的年代，在爱情方面，人们是很开放的。中国，特别是以汉族为代表的中华民族，早期是比较浪漫的，我们看《诗经》中也有很多是大胆描写爱情的。"国风"中就有很多。这位女主人公，像刚才这位女生这样理解行不行？她是一种什么样的形象，在这首诗里头？

师：我想评价女性要男性来评价比较好——哪位讲？

生：她对那个男子很专情，虽然他不来找自己，但压制不住自己的思念之情，就写了这首诗，也应该有点，就像老师说的泼辣。因为她说："纵我不往，子宁不嗣音？"就是说我不去找你，你就不来找我吗？

师：我不去找你是假的嘛，我故意不去，要摆摆架子的嘛，你怎么不来呢？你傻不拉几的，怎么不来呢？（生笑）她是泼辣而深情的。这个女主人公是泼辣而深情的形象，开了中国文学史中这种形象的先河，后面好多小说里面，包括《红楼梦》里面，都能看到《诗经》里这个女子的影子。你说《红楼梦》里，哪个女子像？

生：林黛玉。

师：林黛玉像吗？林黛玉像吗？

生：晴雯。

师：对了，晴雯有点像，很深情，但是又很泼辣。

分析以上这个"文学"教学环节，程老师既告诉了我们教什么，也告诉了我们怎么教。《子衿》中女主人公的形象，是程老师这节课的一个最重要的文学切入点，同时，程老师在分析这个女主人公形象时，不是采用告诉式，而是采用启发式、对比式、幽默点染式循循善诱，与学生一道把握了《子衿》中女主人公泼辣又深情的性格特点。

我在教《荒原中的舞蹈》一诗时，也从文学的角度切入，课堂采用变式结构，一开始就分析诗歌中的抒情主人公形象，而且也像程老师一样，想办法引导学生自己去把握这个形象，而不是去告诉学生这是一个怎样的形象。

"一个_____的'我'"，仿佛给学生抛出了一个空筐，学生纷纷响应老师的"召唤"，积极"参与"，根据自己的理解和解释，亲手将这个"空筐"填充好，用自己的语言，把"我"的形象立体地再现出来。课堂教学呈现出了一个人与人相遇、灵魂与灵魂相撞、输出信息与反馈信息相融的美妙境界。

（四）诗歌教学中的文化体味

四川师范大学文学院许书明教授在他的《当代十大名师"特色语文"内涵解读》一文中说："'语文味'注重思想性和文化性，在教学中对学生进行'文化观照'，是'语文味'教学的重要元素，也是其显著特色。因此，学术界将这一流派称为'文化语文'。"的确，语文味教学法一个最显著的标志，就是它的"文化"符号。程少堂老师从2002年开始的一系列大型公开课，就都在有意识地探索一种文化语文风格，特别重视在文章、文学的基础上，对文本进行文化意蕴的解读。《用另一种眼光读孙犁：从〈荷花淀〉看中国文化》《陌生化：艺术的"头脑"——以〈听陈蕾士的琴筝〉为例谈诗歌鉴赏》《毛泽东的文化魅力与英雄悲剧——"千古第一词"毛泽东〈沁园春·雪〉文化密码解析》这些课例，只要看它们的标题，就可看出，其构思和立意，都是立足于现实，着眼于"中国文化"的深厚内涵。在诗歌教学上，语文味教学法主张把诗当诗来教，更主张把诗歌当精神文化载体、符号来解读。程老师在他的诗歌教学中，是十分注重文化的开掘的。比如，他2012年讲的《毛泽东的文化魅力与英雄悲剧——"千古第一词"毛泽东〈沁园春·雪〉文化密码解析》，从诗歌探析毛泽东的文化魅力和英雄悲剧的文化密码，堪称管中窥豹。"上片写景为什么写农村风光，而不写城市风光？""下片评点历史上五位杰出帝王，既说他们'略输''稍逊''只识'，那为何作者不写文采一流的南唐帝王李后主李煜（一江春水向东流）、书法和绘画都有很高地位的宋徽宗？"程老师认为，这里面蕴含的是重视农村包围城市、建立农村革命根据地的毛泽东思想，是枪杆子里面出政权的引导中国革命走向胜利的伟大理论。有了这样的文化理解，这节课就有了不同的风光。

过去，从来没有人从这个角度去观照这首诗歌。这节课"熔知识性、趣味性、哲理性、审美性、文化性于一炉。这里面有他的体温，有灵魂的冒险，有他对语言独特的敏感，有打破规矩的创新"。"带有明显的先锋性，带有某种挑战性"或者"另类"。

过去，我讲诗歌，一般不会从文化的角度去观照，我在讲《荒原中的舞蹈》一诗时，也尝试从文化的角度去解读这首诗歌。在分析完诗歌抒情主人公形象时，我从文化的角度进行了价值推送：

师：刚才，通过同学们的分析，我们发现，这首诗的抒情主人公是一个有执着追求的人，一个充满创造精神的人，一个激情四射的人，一个狂傲不羁的人，一个坚韧不拔的人，一个自我陶醉的人，一个才华横溢的人，一个有使命感的人，一个勤奋耕耘的人，这样的抒情主人公，与中国传统儒家文化中孔子提倡的"文质彬彬"好像有些叛逆。你们说说看，这种叛逆具体体现在哪些方面？

生：是的，儒家提倡中庸之道。哀而不怨，悲而不伤。但诗中的抒情主人公却是一个敢哭敢恨敢爱的人。

生：儒家提倡君子要稳重，要非礼勿视，非礼勿听，非礼勿动。但诗中的抒情主人公却是一个狂傲不羁的人。

生：孔子说，"质胜文则野，文胜质则史，文质彬彬，然后君子"，但诗中的抒情主人公却有更多的野性，是一个充满创造精神的人，一个激情四射的人。

师：同学们说得好。诗中的抒情主人公的确有些离经叛道，他是一位硬汉，是一位教坛斗士，是一个唐·吉诃德式的人物，时代发展了，在当今的社会，我们需要这样敢闯敢干、敢恨敢爱的人。这样的人，更有创造性，更有生命活力。《易经》中说得好，"天行健君子自强不息"。让我们站起来，昂起头齐读"天行健君子自强不息"这句话吧，读三遍，声音要一句比一句大，呈递增状态。

学生站起来读，学生读得十分投入，直诵得整个教室波澜起伏，尤其是把"天行健君子自强不息"一句重复读三次，声音由小到大，呈递增状态，形象地再现了诗人那逐渐高涨的一腔热血，听课的全体教师都为之感动，其中有不少教师站起来为学生喝彩，为诗人喝彩，此时的授课教师也不禁得意扬扬，更加神气。

新课标对高中语文诗歌教学提出了明确的要求："培养鉴赏诗歌的浓厚兴趣，丰富自己的情感世界，养成健康高尚的审美情趣，提高文学修养。"很明显，新课标希望我们的语文教师能通过诗歌教学，培养学生的人文精神和文化底蕴。这是新课改的初衷，也是对我们广大高中语文教师提出的新的更高的要求。语文味教学法强调对文化的体味，十分符合新课改的时代要求，把握住了时代发展的脉搏。

研究、探索诗歌教学的新途径、新方法，是高中语文新课改的需要，是培养学生审美情趣的需要，是培养综合素质人才的需要，是弘扬中华传统文化的需要。语文味教学法顺应时代发展潮流，实践证明，它在诗歌教学中的具体运用，保证了诗歌教学的优质、精彩。

参考文献

［1］程少堂. 对一种新的语文教学美学语言的执着追寻——"中国语文教学美学新体系"构建之演进史［J］. 语文教学通讯·初中刊，2013（2）.

［2］［美］叶维廉. 中国诗学［M］. 北京：人民文学出版社，2006：372.

［3］梁青. 随程少堂老师品味汉语之美——研读程少堂《〈诗经·子衿〉欣赏》教学案例［BE/OL］. http：//blog.sciencenet.cn/blog-1245975-949218.html，2016-01-09.

［4］许书明. 当代明师智慧课堂教学艺术［M］. 北京：中国社会科学出版社，2013：217.

［5］程少堂. 程少堂讲语文［M］. 北京：语文出版社，2008：208.

附：

程少堂：《荒原中的舞蹈（一种心境的描述）》

据悉，东北师大2012届硕士生张岩答辩获全优的硕士学位论文《程少堂语文教育思想研究》，作为国内首部以在职语文教师之语文教育思想为研究对象的学术专著，已从答辩时的16万字增补到20多万字，即将以《荒原中的舞者——程少堂语文教育思想研究》为书名，由北京现代教育出版社正式出版。睹此书名，思绪万千，夜不能寐，慨然命笔。

有一种舞蹈　在荒原

那是独舞

因为荒原中没有群舞

有一种舞蹈　在荒原

那是仓颉和文字

火辣辣的恋爱

那是伏羲阴阳撞击的

电光石火

那是游龙　是惊鸿

是恋美的洛神降临

那是怀素的醉后狂草

是梵·高的向日葵在忧郁地燃烧

那是蒙克无声的尖叫　无处不在的

尖叫

是卡夫卡用隐约的狂热将意外预约

不再回头　走向永远无从进入的

城堡

那是西西弗斯

从滚动巨石的惩罚中

看到动感庞然的美妙

那是独舞

那是独舞啊

那是生命与激情的

凝聚与迸发

把太容易平庸的讲台

创化为逍遥游的舞台

奔逸绝尘

流光溢彩

金碧辉煌

无人看我亦舞蹈

无人懂我亦舞蹈

没人喝彩我亦舞蹈

（"在我背后，在一阵冷风中我听见，

尸骨的咯咯声和咏咏的笑声传向四方"①）

我，为天地而舞

天地是我的观众

我，为我而舞

我是我自己的观众

我为道而舞

道就在彼岸　仿佛

一只千年守候的白狐

我为我那已长眠于大地的父亲而舞

我为我那生活在遥远的故乡声音依然爽朗的老母而舞

我为我的祖先那快要被时间的长河淹没的祖先而舞

我为我那贫瘠的可爱的又可恨的故乡而舞

我为老家门前槐花的朴实②桂子的清贞而舞

我为我的死亡的祭日而舞

独舞！独舞！独舞！

不在独舞中爆发

就在独舞中寂灭

我的课中常响大笑复大笑

我不笑

我独舞着在淹没的大笑声中

朝着灰蒙蒙的苍穹孤零零的云朵

冷笑

有一种舞蹈　在荒原

那是独舞

因为荒原中没有群舞

我为语文教育的历史而舞

那里会有我一丈平方的园地

如若暂时没有那也没有关系

我是农民的儿子

我的祖父的祖父的祖父是愚公

我不会别的

只会以祖先的姿势紧握祖先的锄头

在风霜雨雪中

在无助中

弯下腰用力气

脚踩进大地心向着天空

独舞！

独舞！

独舞！

我听见

我看见

我来了！

我的舞步在天地间回响

不是轰鸣　但空阔而辽远

有时不得不跪下

跪下去

跪下去

开垦出一块属于自己的园子

然后种上海子关心的粮食和蔬菜

种上陶渊明的柳树

种上春酒

种上独舞者飞旋的热血

与寂不死的执着

种上永恒的独舞者的姿态

然后把自己的名字独舞成

符号

然后在香喷喷的日子

独舞着面朝大海

或者面朝陶渊明的南山

然后用香喷喷的春酒

独舞着把自己灌得半醉

然后醉倒在祖先的怀中和祖先诉说——

请您记住请您记住我是您的子孙我是您

独舞的子孙！

有一种舞蹈

在荒原

那是

独

舞

因为

荒原中

没有群舞

（我把我的尸体栽种在荒原它会发芽，之后会开花③）

注释：

① 引自艾略特的《荒原》。

② 我老家门前老槐树的照片见张岩《荒原中的舞者——程少堂语文教育思想研究》一书封面。

③ 化用艾略特《荒原》中的诗句："去年你栽在花园里的那具尸体，开始发芽了没有？今年会开花吗？"

（2013年5月4日初稿，5-7月修改，8月定稿，该文于2015年8月发表在《中学语文教学》2015年第8期上）

天上一轮才捧出

——语文味与评课

一、天上一轮才捧出——时代呼唤一种新的评课法

一谈到评课，语文味教学流派创始人程少堂先生有一句名言："讲课人最聪明，评课人最愚蠢。"程老师这句话，并不是反对评课，他是有感于当今评课的种种弊端而发出的一针见血之语。

百度百科是这样定议评课的："所谓评课，顾名思义，即评价课堂教学。是在听课活动结束后的教学延伸。对课堂教学的得失、成败进行评议的一种活动，是加强教学常规管理，开展教育科研，深化课堂教学改革，促进学生发展，推进教师专业水平提高的重要手段。"

作为一位教师，我们都有过评课和被评课的经历。但长期以来，评课被套上了功利的枷锁，只被当作一种对教师的单纯考核、一种必须完成的任务，抑或成为教师沉重的额外负担，从而日益丧失评课本真的专业价值。苏州大学教育硕士张荣在他的教育硕士论文《新课程背景下中学教师评课方法研究》中，把当前的评课方法存在的弊端归纳为五个方面，现扼要转述如下：

1. 轻评

教师日常听课，往往听得多，评得少，甚至不评。听课者既不在听课前做充分准备，也不在课后与上课教师进行有效的沟通；评课时，缺乏有证据的观点，三言两句，即席发挥，言不由衷，不知所云。

2. 虚评

其表现是讲情面，走过场，虚与委蛇，闪烁其辞。评课时，要么三缄其

口，作壁上观；要么尽量放大优点，刻意缩小缺点，具体肯定，抽象否定，最后训练有素地以"感慨颇多，收获很大"等套话"完美"收官；要么索性由教研员或专家把持，评课成了"一言堂"。

3. 庸评

有的教师教育教学理念陈旧，未能与时俱进，评课时过多关注授课教师的教，过分关注教学目标、教学设计、教学重难点及教师的仪表、态度、亲和力等因素，而较少关注学生的学习态度、情感态度、价值观的生成表现和师生、生生间的互动、交流活动；有些教师虽提了不少意见，但只是对一些课堂现象就事论事，缺乏对课堂现象的整体把握，不能对课堂现象进行入木三分的透视，更谈不上捕捉现象背后隐藏的教育教学理念上的真正症结。

4. 单评

传统的评课，常常采用以上评下的单向方式，即学校领导和教研人员居高临下地评述教师的课堂教学，教师自评、同伴互评的权利被剥夺，学生更是被排除在活动之外。新课程所倡导的多元评价成了愿望中的奢侈品。教师诚惶诚恐，等待权威的判决：面对领导和专家的指点，即使有不同意见，也怯于表达。不断地点头称是和虔诚地猛记笔记成了教师们面对领导和专家评点时的经典图景。教师基于鲜活教学实践的、充满个性的话语权遭到无情的阉割和遗忘。

5. 恶评

有的教师民主观念淡漠，论资排辈思想严重，以所谓名教师或资深教师自居，在评课中缺乏对上课教师应有的尊重，抓住自以为是的细枝末节，穷追猛打，毫无顾忌地指责，甚至尖酸刻薄，极尽讽刺挖苦之能事，把别人的课批得一无是处。

摒弃传统评课方法的弊端，建立中学教师新型的评课方法，是当今新课程改革背景下教师专业化发展的必然诉求。重视评课，是时候了！创新评课，是时候了！

"天上一轮才捧出"，语文味流派创始人程少堂老师尝试用语文味理念进行评课，给我们带来了一股评课新风，带来了一种审美冲击力。

二、人间万姓仰头看——语文味评课法应时而生

可以毫不夸张地说，程少堂老师既是语文味教学流派的创始人，又是语文味评课流派的创始人。作为一位出色的语文教研员，他既关心上课这个教学板块，也同样关注评课这个教学板块。因为他知道，上课与评课，是一种相互促进的过程。

早在1994年，程少堂老师就在《广东中师》第6期上发表了《评课：呼唤新思维》的论文。在这篇文章中，程老师提出了一种崭新的评课理念，即"逆向评课"。在这篇文章中，程老师提出了一种评课新思维："什么是逆向评课？概括地讲，就是沿着执教者教学思路相反的方向去评课。具体说来，就是在分析评价一节课时，着眼点放在这样一个问题上：这样一篇课文或这样一些教学内容，用这样的教法处理，是不是最好的方法？换言之，是否可以用另一种更好的方法来替代它？""逆向评课"不是站在理论和听课者的立场上评课，而是站在任课教师的立场上来评课。我们认为《评课：呼唤新思维》一文是语文味评课理念的萌芽。接着，程老师又在《中学语文》杂志上发表了《讲课人最聪明，评课人最愚蠢》一文，进一步阐明了他的语文味评课观。2011年9月，《从"黄山之所以为黄山"谈"名课之所以为名课"》一文发表于《语文教学通讯》第9期，语文味评课法可谓应时而生。2011年12月4日，程老师还对华东师范大学的叶澜教授的好课观提出了质疑与补充。至此，程少堂老师的语文味评课观形成比较完整的系列并呈现出鲜明的个人特色。

下面，以程老师的经典评课作为案例，来谈谈语文味教学法在评课中的运用。

（一）语文味与评课语言

评课，要通过语言来表达，仔细研究程老师的评课语言，我们的结论是，程老师的评课语言渗透了浓浓的语文味。具体体现在如下三个方面：

1. 评课语言风趣幽默

在我的印象中，评课是一件十分严肃的事情，在评课过程中，评者金口玉言，一本正经，被评者或毕恭毕敬，或惴惴不安，很少有轻松愉快的氛围。然而程老师评课时，语言幽默风趣，先让人发笑，再引人深思。以黄山评课为

例，仅看他的评课实录，就使人忍俊不禁，更不用说在现场亲耳聆听过他的评课的人，该是怎样的一种语言享受。且让我们来欣赏一下他的黄山评课片段：

黄山之所以为名山之中的名山，是因为它是雅俗共赏的。什么叫雅俗共赏呢？人都有雅俗之念。看到黄山，有人感叹："好大啊！""好高呀！""好深呀！""好险啦！"……这种感叹基本上就是俗人的一种感叹，我也是俗人，我在黄山上也是这样感叹的。什么叫雅人呢？雅人就是像我今天这样讲黄山啊，（掌声，全场大笑）我这样讲就是雅，（笑声）就是从黄山得到对大自然的感悟、对人生的感悟、对生命的体验，由看山想到其他精神上的事情就是雅。当然，可能别人没有说出来这些感悟，我不是说只有我是雅人。黄山是这样雅俗共赏的。如果就是好深好高好险，那有什么？那有什么雅的呢？名课也是要雅俗共赏的，一堂称得上名语文课的雅，首先体现在我们要通过这节课让学生体验文化、体验生命、感悟人生、提高精神境界。

程老师就是用这样轻松幽默的语言，阐明了好课要雅俗共赏这样一个严肃的话题。据亲耳聆听过程老师这次评课的老师说，程老师的黄山评课，共赢得了30多次掌声，怪不得一位主持大会的领导说："程老师的评课是今天最大的亮点！"的确，来自全国各地一千多名听课老师也是这样认为的，都说程老师的评课让他们的疲劳一扫而光。

程老师坦陈："语文教学不仅应是真善美的统一，还应该是真善美乐的统一。我追求这样的课堂氛围：先让人发笑，后让人思考。语文教师上课要会'逗'。我活了50多年，懂得一个常识，人是很喜欢笑、也很容易把他逗笑的高级动物。只有低级动物才没办法把它逗笑。有人认为语文教学不需要那么多笑声——现在语文教学整体上究竟是笑声多了还是少了？幽默教学不仅可以有效提高课堂教学的质量，而且有利于教师提升人生智慧、增加个人魅力、培养生活情趣以摆脱职业倦怠。"在这里，程老师要求语文老师讲课要幽默，不用说，程老师幽默教学的方法也用到了他的评课过程之中了，幽默点染，使程老师的评课散发出浓浓的语文味。

2. 评课语言深入浅出

在我的印象中，有不少评课者，喜欢玩深沉，理论一套一套的，但除了理论还是理论，使人听了云里雾里，"评课不是从实际出发，而是从理念出发；不是从效果出发，而是从原则出发""以一副'天下真理尽在吾手'的气概，以'华夏大地只有我一人对新课标新理念理解得最正确、最深刻'的架势，经常性地把一线教师精心打造的课堂教学，评得一无是处，一钱不值"。程少堂老师十分反感这种做派。他的评课，从"个性化的教师实际"出发，评课语言深入浅出，让人一听就懂，如沐春风。黄山评课，就充分显示了程老师评课语言深入浅出的特点：

我认为，家常课常态课与公开课比赛课两者不是截然对立的。我同意这样的观点：公开课比赛课必须趋于常态，即让人有亲近感；常态课要向公开课比赛课靠拢，今天的公开课比赛课就是我们未来的家常课常态课。一句话，就是二者要追求靠拢，不要追求分离。有没有人把公开课比赛课搞得和家常课一样呢？经常听见有人是这样自我标榜的，但是你说的鬼相信！（鼓掌，全场大笑）家里来了客人和不来客人，你会是一样的吗？小时候，我家那么穷，平时每餐基本上是吃稀饭，母亲拿来鼓励我们干农活的奖品就是说"今天中午吃干饭！"，但是要来客人了，我妈妈就要提前好多天准备好迎接客人的饭菜，我从没看见母亲把我们平时吃的稀饭拿来招待客人。说自己把公开课比赛课上得和家常课一样，不是说家里来了客人和不来客人是一样的吗？（鼓掌，全场大笑）

话语贵在新奇。在这个评课片段中，面对有人主张"要将公开课当常态课来上"这个话题，程老师并未直接说教，而是妙用类比，以"家里来了客人和没来客人，母亲拿出的饭菜不一样"这个日常生活细节来阐明家常课与公开课不同这样抽象的道理，让人耳目一新，一听就明白，且发出会心的大笑。没有学究气，没有陈腐气，深入浅出的语言、鲜活的比喻，使程老师的评课散发出浓浓的语文味。

3. 评课语言深邃睿智

与程少堂老师交往接触过的人，一般会有这样的印象：除了他的博学多才、幽默风趣外，在他的身上，还有一个显著的特点，就是他的深邃睿智。他说话、写文章，往往语出惊人，风趣幽默而富有哲理，生动形象而寓意深长。在教育界，他有许多名言警句，形成独有的程少堂语录景观。比如，"语文教学要大气，不要小气。宁要大气下的不完美，不要小气下的精雕细刻。""讲课就是努力不讲课。""教学的艺术可以归纳为12个字：教之有物，教之有序，教之有趣。""从某种意义上说，教学的艺术，就是知道什么不教的艺术。知道什么可以不教，往往比知道什么可以教来得更重要。""语文教师既要会讲'很像语文课的语文课'，也要敢讲会讲'不像语文课的语文课'。""评课要反对'性'骚扰——即这'性'那'性'满天飞。"这些话，字字凝结道理，句句包含智慧。他这种深邃睿智的语言特点，在他的评课活动中，也充分展示出来了。

深圳市教课院教研员听课行政反馈

2006年7月10—11日，全国"主体发展活动教学"高峰论坛在扬州中学举行。会议期间，深圳市语文教研室程少堂老师受组委会邀请，在第一天会议结束后主持评课。在这次评课中，程老师说了两段这样的话：

我看了几十节课，大体的感觉是这批青年名师教学气质时尚但不先锋，教学内容丰富但欠立体，教学方法时髦但缺个性。青年教师不能只是表面上有青年特点，但是本质上却呈现出老年特点和儿童特点。

对于青年教师而言，喜欢吃羊肉是好的，但吃羊肉不能长羊肉，要长人肉。

对这次评课，特级教师王君老师作如是评价："整个评课精彩不断，笑声满场，睿语慧言让人茅塞顿开。"程老师的这些话，的确是切中青年教师发展时弊的。"但吃羊肉不能长羊肉，要长人肉。"像这样深邃睿智的语言，在程老师的评课中俯拾即是，这样的语言使程老师的评课散发出浓浓的语文味。

（二）语文味与评课章法

程老师评课，就像他所主张的语文味教学一样，就像他写作的不少优秀散文一样，是很讲究章法的，这种评课章法主要体现在三个方面：

1.立意深远，角度独特

听过程老师课的人，都感觉到他的课堂教学立意深远，角度独特，如他的《用另一种眼光读孙犁：从〈荷花淀〉看中国文化》，角度新颖，立意高远，大气磅礴，幽默生动，在全国中语界产生了深广的影响。他的十多节代表课，可以说，每节课都有"与众不同"的立意构思。程老师的课堂教学立意深远，角度独特，他评课同样体现了这种语文味的章法。黄山评课就充分体现了这样的特点。

程少堂老师对黄山之美进行了精彩的点评：

中国的陆地面积有960万平方公里，我特地问了地理教研员，他说中国山区占这个面积的三分之一，山地则占三分之二。中国山这么多，为什么黄山会成为名山之最，会得到"黄山归来不看岳"这样的美名呢？昨天（7月25日）我刚刚爬了黄山，我这是第一次爬黄山，在黄山上我来了灵感，我觉得从黄山的特点可以感悟到名课的特点，我来谈谈这个观点。要不然大家明天去爬，验证一下我说的是不是对的。（笑声）

第一点，黄山之所以为名山之最，是因为它有自然之美，它是天成的。同样，一节好课，它不拒绝、不反对预设，但本质上应该是生成的，包括整个教学流程、跟学生的互动和对话。

透过这个点评片段，我们就可以感觉到，在立意上，紧扣语文味要将课上得"有趣些，有味些，好玩些"的教学主张，把道理阐释得通俗明白，在构思上，他借黄山之美，进行类比阐释。在我们看来，黄山与课堂教学有什么关系？可以说是风马牛不相及，但程老师居然能把二者联系起来，还那样的自然，那样的天衣无缝。这样的构思，谁会想到？这样的构思，出乎意料，但一想到是出自程少堂老师这样的文章高手，又在情理之中。这一点评是我从教三十年来看到的最为奇特、最有才气、最有个性、最耐人寻味的语文教学点评，这一点评，贯穿语文味文章之法，洋溢着浓浓的语文味。

2.条分缕析，层次清楚

语文味教学法，是一种诗意灵动的教学法，但并不意味着这样的教学法就无章可循，本着程老师对语文味教学法的指导思想，语文味教学法，也有可操作的教学模式。比如，程老师有许多的代表课，就有一个特别的程序——"程少堂的序"，如其中的一种"程序"是：语言的品味——文章的玩味——文学的意味——文化的体味，等等。程老师的许多代表课就是按照这个程序展开的，这是程老师作为一个研究者思维严谨的体现。程老师上课有序，作为评课专家，也有一个程序，如他的黄山评课，就充分体现了"条分缕析，层次清楚"的特点，在这个点评中，程老师采用列举法，提出了好课的七条标准：

（1）好课的教学流程要具有自然之美。

（2）好课的教学风格要具有个性之美。

（3）好课的教学设计要具有变化之美。

（4）好课的教学内容要具有丰富之美。

（5）好课的教学情感要具有激情之美。

（6）好课的教学语言要具有雅俗之美。

（7）好课的教学氛围要具有趣味之美。

在评课时，程老师思维清晰而连贯，条分缕析地阐述"黄山之所以为名山与名课之所以为名课"的关系，让听者在愉悦之中就接受了程老师的名课观。这样的评课章法，是语文味教学要"教之有物，教之有序，教之有趣"在评课中的灵活运用，使程老师的评课散发出浓浓的语文味。

3. 逆向评课，重在构建

程少堂老师认为，传统的评课方式，从思维的角度来看，"基本上都是顺着执教者的思路去评课"，"评价成了广告式的评功摆好，看不出评课者的见地"，"即使一些有见地有质量的评价，由于是正向评价，也只是起了阐释和推荐某种教学方法的作用"。这种评课思维的害处是显而易见的：一是它不符合实事求是的精神；二是这种评课不利于被评者的进步，尤其不利于青年教师的成长；三是这种评课思维也不利于评课者自身。为此，程少堂老师呼吁，转换我们的评课思维，提倡"逆向评课"，也就是说，评课时，沿着执教者教学思路相反的方向去评课。"逆向评课之路是使教师善教之路。"笔者多次见证过程老师的评课，几乎每次评课，都会用到这种逆向评课法。2011年12月1日，坪山新区语文教研员、市骨干教师钱冰山老师在梅林中学上了一节公开课，课后程老师对钱冰山先生的课就采用了逆向评课法：

我说钱冰山啊，你选三种考试的小说文本，然后你归纳或引导学生归纳这三种文本的答题方法。你今天用了这个形式，但你是从共性的角度处理的，至于三类小说的个性特点，顾及很少。你这个讲法是一种讲法，不过，要我看，还有个讲法也许更好些，就是这三种文本分别有什么特点，分别应该怎样回答，你讲的那些东西是方法，但是，是共性的东西，不同类型的文本的答题方法，有共性的，但是也有个性的，就是这个个性问题，我认为它是复习课最值得注意的。要是这个地方再注意一下就更好。其实时间还是有的，像你这个层次啊，可以处理得更好些。

以上这段评课，在肯定了钱老师上课的优点的同时，提出了一种新思路。这种评课方式体现了科学的批评精神。传统评课，由于碍于"面子"，教师之间"面对面"地否定或批评别人的教学方法是很难的。常见的情形是，"面对面"时说好话，"背靠背"时讲坏话。而逆向评课并不是否定执教者原有的教学思路，而是在肯定的前提下，探讨是否有更好的方法。这种评课方式给被评者提供了一个乃至多个参照系，有利于不断提高教师的教学技能。程老师这种评课章法，充分体现了他的"语文教师要有敢于走'野路子'的胆量。敢走'野路子'的教师，往往是有活力、有激情、有创造性的，敢胡思乱想，有时还会出奇制胜"的语文味教学思想，程老师的"逆向评课"具有浓浓的语文味。

（三）语文味与评课风采

有一个老师，双休日在家看《程少堂讲语文》，看完后，写下一段这样的话："程少堂真算得上是一个妙人。书里的言辞之间，有一点爽快、有一点狂放、有一点清高、有一点傲然，更兼有一点执着、热情，夹杂些许说不清道不明的气质，很有些魏晋的风流气度的。若是相识，的确会是一个很好玩的妙友。"这段话，的确写出了程少堂老师上课的风采，程老师这种特有的风采，在他的评课活动中，也有生动的体现，具体说来，体现在如下三个方面：

1. 从容自信，大师风范

当一个人过尽千帆，然后站在高处审视自己走过的人生道路的时候，就多了一份洞察和感悟，就多了一份从容和自信。自信就是一种真实地面对自己，坦然地面对自己的内心，不遮掩、不虚伪，享受人生的真实。这样的自信本身就是一种魅力的展现。黄山评课，字里行间洋溢着程老师的自信与大师风范。我们且看评课实录的开头部分，并重点体会笔者所加的着重号的文字：

时间：2011年7月26日16：50。地点：黄山市徽州大剧院。主席台上放着写有评课人"程少堂"的桌签。主持人在后台。程老师没等主持人宣布评课就走上主席台。

大家鼓掌。我要开讲了！（鼓掌，全场大笑）

今天是（黄山）全国中语会第八届"商务印书馆·语文报杯"中青年课堂教学大赛的第一天。今天的课不是很出色，大家听得很累，很辛苦，黄山徽州大剧院的空调也不够凉，不过估计过两天爬黄山会更累的。

"没等主持人宣布评课就走上主席台""大家鼓掌。我要开讲了！"这一段评课开场白，刻画出了程老师这种自信与从容的大师风范。作为一位著名的学者、教授，面对众多的听课教师，能够将自己的内心，将自己的所思所想真实地呈现出来，想必没有多少名人能做到吧？但程老师做到了，这是程老师自信的表现。程老师从容自信的评课风采，洋溢着一种浓浓的语文味。

2. 至情至性，坦坦荡荡

深圳市教育局副局长唐海海写过《至情至性的思想者——我所了解的程少堂》这样一篇文章。在这篇文章中，有一段这样的话："率真！几乎所有真正了解少堂老师的人，都必然用这样的词语去评价他。因为率真，少堂的课，少堂的人，都经常会卷起震撼人心灵的狂飙巨浪。作为一个知识分子，他从不清高绝不造作，永远学不会世故，任何时候都以真面孔示人，就是得罪人也得罪得坦坦荡荡。在我看来，这固然是缺点，但又何尝不是优点。少堂老师就是这样一个行走在红尘都市之中但绝不戴面纱的人。这样的人现在几乎已经绝迹了吧。我见不少老师对他的评价是'天真烂漫'，说'痴痴地看他在台上发言似乎看着《皇帝的新装》里的那个说真话的小孩儿'。"唐局长的话，确实道出了少堂老师的为人和治学的风格。这种风格，不仅表现在他的生活中、教学中，也表现在他的评课活动中。黄山评课，充分展现了他"至情至性，坦坦荡荡"的评课风采：

第四个，黄山之所以为名山之最，是因为它有丰富之美。黄山之所以成为甲天下的山，成为名山之最，是由于它集中了中国许多名山的优点，如雄伟、险峻、秀丽、幽静等。一流的好课，它也要集许多优秀名师的课的优点于一体，不能过分地单一地学习某一个人或者某一种方法。今天的课，总体看来，扁平化十足，就是厚度不够，无厚度，不丰满，乏深度，欠高度。教学要教出丰富之美，除了老师的功底之外，其中最关键的，就在于文本解读要到位。我个人觉得，今天的《浪之歌》（纪伯伦）的执教者对文本的解读是不大到位的。当然，这节课的分数是不低的，我推测它是今天第一个能进入一等奖的课。这节课给人的感觉是老师还没有很懂这篇课文，先不说老师对课文中"纵使我满腹爱情，而爱情的真谛就是清醒"这句最重要的话的理解不到位，单单说他过多地把这篇文章主旨定位于写爱情就很可疑。不管"教参"是怎么说的，我要说的是：《浪之歌》是写爱情的吗？确实有写爱情；但写的仅仅是爱情吗？可能值得研究。另外，《雨之歌》一课对文本的最后一段也没有理解得很好。

以上评课片段，实事求是，他不像有些评课教师那样圆滑世故，净说好话，而是既指出了参赛教师上课的优点，更指出了不足之处，入木三分。虽让人如芒刺背如坐针毡，但又醍醐灌顶猛然警醒。其用心之切，用情之真，不言而喻。这种"至情至性，坦坦荡荡"的评课风采，是语文味理念的本真体现。

3. 旁征博引，妙语连珠

凡是听过程老师上课、做报告或演说的人，无不钦佩他学识的渊博，他在这些场合，文人掌故、历史笑话、上下古今，往往信手拈来，旁征博引，妙语连珠，散发出语文味的幽香。黄山评课，堪称杰作：

今天所有的课，整个教学流程都是完全预设的，对话、互动倒是很多，但让你感觉很多像是假的，因为预设的痕迹太重了。要淡化预设痕迹！不知道后面两天的比赛如何，我觉得，今天参赛的老师太年轻了，语文老师还是要老一点啊。（鼓掌，全场大笑）这么年轻的老师，你要他讲《陋室铭》，讲《爱莲说》，讲"明月几时有"，讲苏东坡，而且还是个女老师讲苏东坡，那当然困难很大，怎么讲得好嘛！（掌声，全场大笑）当然，这是玩笑话，没有嘲笑我们的女老师的意思。黄山的魅力首先来自于自然之美，而好课也要自然天成，体现自然之美。今天的课，不少环节比较流畅，但很多环节显得很生硬，没有自然之美。

以上评课片段，内容上旁征博引，提到《陋室铭》，讲到《爱莲说》，引用"明月几时有"，牵出苏东坡，在语言风格上，寓庄于谐，妙语连珠，感性与理性相融，幽默与风趣齐飞，充分展示了语文味掌门人的评课风采。

（四）语文味与评课的文化内涵

听过程老师评课的人都认为，程老师的评课，就像他上课一样，有着丰富的文化内涵，有一种浓得化不开的语文味。四川师范大学许书明教授在谈到程老师上课时的文化切入时，说程老师上课十分注重文化主题的选点，他提到了程老师的《荷花淀》是从"和谐文化"这个点切入的，《世说》一课，则是从"文人的个性风格"切入的，《子衿》则是从"中国传统的传递情感的方式"切入的，等等。那么，在程老师的评课中，我也看到程老师十分注重文化选点，在他的几个经典评课案例中，有儒家文化、道家文化、山水文化的切入，这样，他的评课就有了深度，有了高度，有了厚度。

1. 儒家文化

仔细阅读程老师的一些经典评课实录，就会发现，程老师在评课中，就像他上课一样，有一种广阔的文化视野。他往往把一个教师的课堂教学，放置到文化的层面和高度去加以评价，给人以跳出语文评语文的高屋建瓴之感。2014年4月17日，深圳第二实验学校举行分层教学研讨会，有两位教师上了研究课，与会者评了这两节课。从当时的评课情况来看，多数评课者是从技术层面，就课谈课，没有深度、高度和厚度。而程老师的评课却"独上高楼"，他从儒家文化的"因材施教"切入：

分层教学又是一个很古老的教育问题。它有多古老？应该说，自有人类教育以来，就一定有人思考过这一问题。早在2500多年前，中国教育史上第一个、也是最伟大的教育家孔子，就深入思考过这一问题，并进行了非常成功的实践，就是"因材施教"。虽然孔子并未提出"因材施教"这个概念，这个概念是南宋著名理学家、思想家、教育家朱熹提出来的，但朱熹是根据《论语》中孔子的教育实践总结抽象出这个概念的。因此，我建议第二实验学校在推行分层教学实验的过程中，深入研究一下孔子因材施教的理论和实践。

从以上评课片段可以看出，这一评课，就不是就课议课了，而是给深圳第二实验学校的分层教学找到了文化渊源，同时为第二实验学校的分层教学的进一步深化指明了方向。可以说，程老师在第二实验学校的这一评课，由于渗入了儒家文化，显得格外新颖、独特、大气。2014年5月9日，《南方教育时报》全文刊登了这一评课内容，在社会上产生了很大的反响。

2. 道家文化

程少堂老师十分喜爱道家文化，他十分喜欢读《庄子》。他在《在庄子的怀抱中缱绻缠绵》一文中袒露心迹："《庄子》不仅深刻地影响了我的人生观（毫无疑问，我的人生观是以儒家积极进取的一面为主核的），而且深刻地影响了我的语文味理论和语文味教学。"在这里，我作点补充，庄子也深刻地影响了程老师的语文味评课。我们来看他在深圳福田中学的一次"同课异构"活动中的教学点评。2012年11月20日，深圳教育教学科学研究院主办的"高中语文、数学、外语同课异构"教研活动在福田中学隆重举行。语文学科的"同课异构"活动在福田中学一楼多功能教室举行。"同课"所选内容为"人教版必修5知识短文——访谈"，"异构"活动在两位语文教师之间进行，一位是深圳名师、特级教师、"深圳名师工作室主持人"、深圳第三高级中学的陈继英，一位是福田中学的青年教师李园园。课上完后，程老师对这两堂课进行了精彩点评。

程老师首先充分地、高度地肯定这两堂"同课异构"课的成功，指出这两堂课给我们很多启迪，同时肯定了特级名师厚重、年轻教师灵动的教学风格。接着，程老师从道家文化的高度"跳出语文谈语文"，结合这两堂课，就语文教学的重要问题谈了自己的看法：

我们平时说"无技巧是最大的技巧""无技巧是最高的技巧"，这里所谓"无技巧"，并非真的指没有技巧，实际上指的是这种"不是技巧的技巧"的"软技巧"，也就是一种"道"的境界。中国人常说的"大剑无锋""大巧不工""大音希声""大羹无味""大道无形"，说的都是一种"得道"的最高境界。庖丁解牛就是达到了这种令人羡慕的境界——也就是审美的、自由的境界。

在这个评课片段中，程老师从道家文化切入，阐明了"'语文味'是语文教学追求的一种境界，这境界，和庄子的'逍遥游'境界相通"这样一个语文味教学观。由于有道家文化的切入，也使程老师的这一评课洋溢着浓浓的语文味。

3. 山水文化

据我所知，将山水文化与课堂教学联系起来，联系得那么巧妙，那么系统，那么自然，那么天衣无缝，程老师还是第一个。黄山评课，程少堂老师将语文教学与黄山文化联系起来，主张语文课堂要像黄山一样有自然之美、个性之美、变化之美、丰富之美、激情之美、雅俗之美、趣味之美。

程老师在这个点评中借黄山之美，生动形象地诠释了优秀语文课的标准。

这一点评，因黄山文化的切入，使整个点评显得别开生面，魅力十足，气象万千。

让学生诗意地畅游在诗歌的长河中

——浅析程少堂诗歌教学的语言品味艺术

王富仁教授在《触摸语言》（《语文学习》2003年第3期）一文中说："诗歌是一种更纯粹的语言艺术，它没有小说的虚构的故事情节，没有散文的具体的事件和人物，更没有戏剧的舞台演出，我们在诗歌中接触的几乎只有语言，我们对诗歌的感受和理解，主要是对诗歌语言的感受和理解。所以在诗歌的教学中，引导学生感受和理解诗歌的语言几乎是唯一重要的教学内容。"正所谓英雄所见略同，"语文味"教学流派创始人程少堂先生也认为，诗歌，作为语言的最高级形式，是对美的一种极致追求，诗歌是语言的艺术，诗歌的魅力就是语言的魅力；因此，在讲授诗歌这样的美文时，除诗歌本身内涵值得反复品味外，诗歌语言的节奏、韵律、语调等这些外在的形式美也有着特定的教学意义。纵观程少堂老师的诗歌代表课，我们就会发现，程少堂老师在诗歌教学中，是十分注重对诗歌语言的品味的。现结合程老师诗歌教学案例，谈谈他在诗歌教学中的语言品味艺术。

一、通过"朗读"去品味诗歌语言

程少堂老师主张文学作品，特别是诗歌，要特别注重朗读，通过朗读才能读出语文味。程老师把自己的教学主张，贯串于自己的教学实践中。在诗歌教学中，他十分重视通过朗读来品味诗歌语言。比如，《用优美的汉语描绘优美的人性——〈诗经·子衿〉欣赏》一课，程老师就专门设计了朗读的教学环节，有"原版"朗读，要求学生正确流畅地朗读全诗；有"花样"朗读，感受诗歌语言的节奏感和韵律美；甚至创造性地让学生用方言朗读：

师：我们再请一名男同学来念念，尽管是一位女士思念一位男士的诗。（笑声）请你用广东话来读。（问前排男生）你是广东人吧？

生：（起立）是。

师：站不站无所谓。你还是坐下，你比我帅，比我高，你站着我有压力。（生大笑）

生：（用广东话读，其他学生在下面小声读）

师：用广东话读的时候有一种特殊的韵味。我听不懂广东话，你读错了我也不知道啊。（生笑）但是，我的小孩喜欢听粤语的歌曲，有些歌用广东话唱更有味道些。同样，有一些古诗词用广东话读可能有一种特殊的韵味。

这节课，程老师引导学生反复读，通过反复诵读加深了学生对诗歌内容的准确理解，使学生充分体会到诗人的思想感情，受到美的熏陶。

在程老师的诗歌教学中，对学生朗读的指导，不仅仅是流于表面形式，变着花样让学生多读几遍，更为可贵的是，程老师还能从音韵学的角度，引导学生朗读，让学生深层次地去感悟诗歌的语言之美。诗人写诗，尤其是古代诗人写诗，是讲究声韵的。比如，杜甫的《登高》，起笔的词语"风急"，用的是唇齿音f和舌面音j，它们一个是塞擦音，一个是擦音，搭配的是eng、i开口度不大的韵母。这两个字音的形成是将气流从唇齿间的缝隙中挤出，于是，读者读时，便从读音上切实感受到了风萧萧而来。"天高"一词的声母变为舌尖音t和舌根音g，它们都属于塞音，即爆发音，又搭配开口度较大的ian、ao韵母，登高所见的天地广阔就用这高亢的声音呈现出来了。"猿啸哀"中"猿"和"哀"都是零声母，只有iuan、ai两个韵母，"啸"是舌面擦音x搭配iao韵母，iuan、iao是齐齿呼，ai是前响腹韵母，发音时韵头响亮，韵尾模糊，配之去声，又回落到开口度较小的i韵母上。依传统观念，齐齿呼韵字的响度一般较弱，这类字常带有较为低沉、纤细的感情色彩，宜于表现凄凉悲哀、孤苦寂寞的情感。所以，诗人用了带凄清色彩的齐齿呼，自有伤感之情。朱光潜先生在《诗论》中说："情感最直接的表现是声音节奏，而文字的意义反在其次。文字意义所不能表现的情调常常可以用声音节奏表现出来。"程少堂老师深谙此道，2011年12月21日，他在广铁一中给高一学生讲授李商隐的《锦瑟》一诗时，就是从音韵学的角度引导学生朗读，去品味诗歌的语言之美的。在这堂课上，程老师专门设计了"赏析诗歌的语言文字之美"这个环节。程老师引用顾随的话说，欲了解中国文字之美，并用得生动有生命，便须不断认其形，还须认其音。在通过"审音"指导学生朗读品味诗歌语言的过程中，程老师讲了生动幽默的故事，将深奥的问题讲得通俗易懂：

中国字的音跟它的意思是有一定关联的，可我们不大注意这个是不是啊。其实民间都注意到，我记得我小时候看过一个相声叫《装小嘴》，说一个小姐嫁不出去，为什么呢？她嘴巴太大了，然后她只好把嘴巴装小一点，别人问她"小姐你多大了？"她说"二十五——"，"五——"，嘴唇小嘛，然后说"你是属什么的"，她说"属虎——"，别人说二十五不是属马的吗，"马"不是嘴巴张"大"了嘛。

程老师用故事"先让人发笑，再引人深思"，让学生明白了"中国字的音跟它的意思是有一定关联的"这个道理后，再引导学生自由朗读《锦瑟》，并让学生仔细揣摩这首诗的韵脚"弦（xián）、年（nián）、鹃（juān）、烟（yān）、然（rán）"的发声特点，结果学生发现，这首诗歌用的全是平声韵，而平声韵开口度适中，特别适合表现诗人内心愁情的绵延流长，回旋不休。"李商隐正是用这样的韵脚，将自己的悲情人生加以审美化，情调才悲而不淫，哀而不伤，所以韵脚字眼读音轻重程度居中，发声时开口合口程度居中。不是说随便选个字就放进诗歌中的，这里是有'来头'的。"（程少堂《新的语文教学美学原则在崛起》）

程老师就是这样多角度、多层面、多方法地引导学生朗读，去品味诗歌的语言之美的。

二、通过"吟唱"去品味诗歌语言

众所周知，程少堂老师一向不按常理出牌，不按规矩行文，不按套路讲课。因为封闭保守的模式无法容纳他天马行空的思想。作为语文味的主人，他的理念及他全部的公开课都毫无争议地显示着他的独树一帜。也因为他的"独"，所以他的课你根本"仿"不了，你只能去"想"。

或许一些优秀的语文老师也能对诗歌的语言品读得头头是道，有滋有味，可他们的课为什么就成不了经典呢？换句话说，为什么程少堂老师的课就能够成为经典呢？

我看，皆因他骨子里的先锋气质！他的课堂从来力求出新、出奇、出格，所以能够出彩。

程老师的《诗经·子衿》就是一节出格出彩的耐人寻味的课。他的这堂课的与众不同之"格"在哪里呢？依我看，就是改写歌词。我们的诗歌教学通常走进"诗"就止步了，没有继续"歌"下去。我们知道，诗最初的形态是"歌"，它有平仄、有韵律、有节奏，极富音乐性；而《诗经》的时代是人性高度自由的时代，《诗经》中的"国风"很多都是歌唱古代真挚纯洁、奔放热烈的爱情的民歌。正是因着"诗"与"歌"的因缘，因着人性最初的美好，程少堂老师讲到兴致高潮处，索性以歌咏的方式来唱读，他把情诗唱成情歌，唱得余音绕梁，回味无穷。这歌声是他心灵深处汩汩流淌出来的清泉，是他对纯美人性的诗意呼唤。

听他的课，你的思维无法停顿，你的心潮无法平静，因为你不知道下一秒他会带给你什么惊喜。看一百个老师的课堂实录，你一眼就能认出程少堂老师的课，因为他的课是性情之作，是诗意之作。在那里，你可以感受到激荡的生命活水奔涌而来。

三、通过"比较"去品味诗歌语言

新课程理念下的古典诗词教学必须引导学生品味语言艺术，探索语言奥秘，获得语言智慧，提高语言素养。那么，如何引导学生品味古典诗词的语言艺术呢？程少堂老师告诉我们，比较中品词赏句是语文味教学法常用的一个方法。比如，程少堂老师在教学《诗经·子衿》一诗时，就采用了比较法去品味诗歌语言：

师：第二句话"纵我不往，子宁不嗣音"意思是什么？你来翻译一下。

生：即使我没去找你，你也应该寄个音讯给我。

师：你翻译时带点情绪行不？（笑声）

生：情绪啊？

师："纵我不往"，从这句话里，潜台词可以看得出来，其实这个女的是经常主动去的，就是今天忙了，要加班。（笑声）即使我不来，说明她经常去的，一天去两遍。"纵我不往，子宁不嗣音？"大家看这一句，看注解第四，课文注解上，说它是设问的（程按：香港课文注为设问。应该是反问。）我的意思是说，把这个句子改成陈述句，味道又不同。哪位同学把它翻译成陈述句？

生：即使我不去找你，你也应该来找我啊！

师：那和原文有什么不同？看看有什么细微的差别，学习语文就是要把细微的差别分辨出来。

生：设问更能表达自己的感情。

师：更能表达自己什么感情？

生：有点怨。

师：有点怨，有点恨，当然还有点爱。（众生笑）说得很好。

在这个教学片段里，老师运用比较法，就让学生和诗中主人公进行了心贴心的沟通和交流，就让学生对作者在语言运用上的精妙之处心领神会。

陈钟梁老师说："语文课是美的，这种美潜伏在语言的深处。语文课首先要上出语文味儿，要上得朴素自然，要向学生传递语言深处的美。"这就要求我们老师首先要对文字有独到的感悟和发现，尽可能地寻找一个好的切入点，搭建一个富有匠心的语言领悟的平台。程老师的"比较"法，为诗歌教学中语言的品味寻到了一个重要的抓手。

四、通过"排列"去品味诗歌语言

闻一多先生曾说过，新诗要有三美，即音乐美、绘画美、建筑美。我们的文字是象形的，我们中国人鉴赏文艺的时间，至少有一半的印象是要靠眼睛来传达的。原来文学本是一种既占时间又占空间的艺术。根据诗歌的建筑美，程老师在进行诗歌教学时，常常采用对诗行的不同排列方式引导学生去品味诗歌语言的妙处，如《陌生化：艺术的"头脑"——以〈听陈蕾士的琴筝〉为例谈诗歌鉴赏》课例，就采用了这种品味诗歌语言的方式。《听陈蕾士的琴筝》，原诗第一、二节作者黄国彬是这样排列的：

他的宽袖一挥，万籁

就醒了过来。自西湖的中央

一只水禽飞入了湿晓，

然后向弦上的涟漪下降。

月下，银晕在鲛人的泪中流转，

白露在桂花上凝聚无声，

香气细细从睡莲的嫩蕊

溢出，在发光的湖面变冷。

但2005年11月25日，程老师在给香港小溪湾福建中学学生讲授这首诗歌时，却通过变换诗行的排列方式，巧妙地引导学生品味诗歌的语言。请看如下教学片段：

师：我们读中国古诗或新诗的时候都是一行一行的，由标点符号来分的——古诗形式上没有标点，但实际上是有断句的——这首诗根据中国诗的习惯，应该这样排列：

他的宽袖一挥，

万籁就醒了过来。

自西湖的中央一只水禽飞入了湿晓，

然后向弦上的涟漪下降。

月下，

银晕在鲛人的泪中流转，

白露在桂花上凝聚无声，

香气细细从睡莲的嫩蕊溢出，

在发光的湖面变冷。

……

我都是根据标点符号来排的，但这首诗不是这样排列的，你看，"万籁"这个词放这里了，而在不该跨行的地方跨行了，这是为什么？

生：是因为节奏。

师：说得挺好的，一个是因为节奏问题，另外在形式上它有一个特点。幻灯片上的诗句有的这么长，有的这么短。而课文在经过加工后让我们觉得很陌生，但是很整齐，有形式美，比较起来相对较整齐。除了节奏以外，还有一个更重要的原因，是什么？大家思考一下，写诗，是为了表达人的什么东西？

生：感情。

师：对了，诗是抒情体裁。当然也有些叙事诗，但大多数诗是抒情的。有的地方该跨行不跨行，或者在句子中间开始跨行，最重要的是为了抒情需要。我们来看看，还是以第一段、第二段为例，"他的宽袖一挥，/万籁就醒了过来。/自西湖中央一只水禽飞入了湿晓，/然后向弦上的涟漪下降。"我们是这样读的。但课文不是这样的，按照课文的跨行我们应该这样读："他的宽袖一挥，/万籁/"，要停一下，他要强调"万籁"，"万籁/就醒了过来"，"自西湖中央/一只水禽飞入了湿晓，/然后向弦上的涟漪下降。"他是为了突出某一个意象某一个事物，抒发作者对这个演奏家的高超技巧的赞叹之情，这是一个方面。我只能简单地举一个例子，后面的大家自己去体会。

接着，程老师又用散文的方式，没有改变诗歌的任何一个标点符号，没有改变它的任何一个字、一个词，对这首诗歌第一、二节进行如下排列：

他的宽袖一挥，万籁就醒了过来。自西湖的中央一只水禽飞入了湿晓，然后向弦上的涟漪下降。

月下，银晕在鲛人的泪中流转，白露在桂花上凝聚无声，香气细细从睡莲的嫩蕊溢出，在发光的湖面变冷。

然后，再次引导学生结合诗意对语言进行品味。最后，引导学生得出结论，原诗的语句排列，"除了形式上课文的排列方式更美，节奏更鲜明，更重要的原因是便于抒情"。

就这样，程老师通过对诗行不同的"排列"引导学生去品味诗歌的语言，把一首香港老师和学生都不喜欢的诗讲得既别开生面、气象万千，又深刻启迪人，给香港师生送来了一股弥漫"语文味"的清风，特别是其新颖和极富创意的品味诗歌语言的手法——"排列"法，让香港语文教师大开眼界，惊叹不已。

五、通过"意象"去品味诗歌语言

"意象"是分析、研究诗歌特有的名词，"意"指诗人的主观情意；"象"指诗人感受到的客观物象。"意象"即意中之象，融入了诗人情思的形象。用康德的话说，即"灌注了生气的形象"。美国文艺理论家苏珊·朗格说，"艺术品作为一个整体来说，就是情感的意象"，"这是一种非理性的和不可用言语表达的意象，一种诉诸于直接知觉的意象，一种充满了情感生命和富有个性的意象，一种诉诸于感受的活的东西"。苏珊·朗格在这里对意象的内涵做了系统的解说。其要点是：意象中充满情感和生命。它与形象的内容不同，它所表现的东西，我们不是称它为"意义"，而是称它为"意味"。意象是富有个性的"活的东西"，是一种生命形式。一首诗的语言从字面上看是词的连缀，从构思上看是意象的组合。因此，要深层次地品味诗歌的语言，是绝不能离开诗歌的意象的。富于诗人气质的程少堂老师，在他的诗歌教学中，十分注意捕捉诗歌意象，引导学生品味诗歌语言，如他的《毛泽东的文化魅力与英雄悲剧——"千古第一词"毛泽东〈沁园春·雪〉文化密码解析》课例，就十分注意通过捕捉"意象"去品味诗歌语言：

师：这首词，它的写景用字比较独特。请同学们找找看，里面写了什么景？

（学生讨论，并陆续指出"北国""千里""万里""长城""大河""天公"等词）

师：我们大家来概括一下这些字词，它们有什么特点？你说一下，你觉得有什么特点？

生：大，都是用一些写大东西的词，都比较豪迈。

师：你的感受是对的，就是他都是写的大词。境界是大的，用的词也是大的。毛主席为什么喜欢用大景呢？

生：（伸开手臂比画着回答）他的胸怀大，胸襟大，"北国风光，千里冰封，万里雪飘"。北国，千万里都是雪飘，这个景象就很宏大，我没见过的。

师：我也没见过，呵呵。（众笑）这跟毛主席内在的胸怀有没有关系啊？

生：毛主席的胸襟很豪迈，他就用这些很豪迈的词去表达。这恰好与他内在的情感相契合。毛主席是以大景抒大情，并且通过大景，使诗歌的语言变得十分的豪迈。

在这个教学片段中，程老师先巧妙引导学生寻找诗中景物，然后让学生指出景物特点，再让学生说说景物与诗人内在情感的联系，进而品味出诗歌语言的豪迈风格，这样，程老师采用循循善诱的方式通过"意象"引导学生领会了毛诗豪迈奔放的语言特色。

记得王国维在《人间词话》中将诗中的意境分为"有我之境"和"无我之境"。"有我之境，以我观物，故物皆著我之色彩。无我之境，以物观物，故不知何者为我，何者为物。"可见"意象"都寄托了作者的情感，这对品诗，尤其是对品味作为情感表达载体的诗歌语言十分重要，正因如此，程老师在他的所有诗歌教学课例中都运用了通过"意象"品味诗歌语言的手法，并且取得了很好的教学效果。

六、通过"改写"去品味诗歌语言

程少堂老师认为：人类是诗意地生活在这个星球上的！从本质上讲，每个人都是诗人，诗情、诗意、诗性潜藏在每个人的心中。因此，程少堂老师主张，语文教师应当站在诗人的高度，用浪漫主义色彩去教诗，要运用恰当的方式引导学生进入诗的境界，乃至让学生成为"诗人"。在程老师的诗歌教学案例中，让学生成为"诗人"的"恰当的方式"有许多。其中，以原诗为媒介，通过让学生"改写"诗歌，是程老师喜欢用的一种方式。这种"改写"方式，既达到了唤醒学生"诗心"的目的，又达到了创造性地品味诗歌语言的目的。2005年11月26日，程少堂老师在香港讲授《诗经·子衿》，就采用了"改写"法来让学生进入诗歌境界，请看：

字词方面："子衿"改为"子衣"好不好？（比较"衿"与"衣"的差异）

句式方面："子宁不嗣音"改为陈述句好不好？（揣摩反问与陈述语气）

人称方面："青青子衿"改为"青青其衿"好不好？（体味第二人称的妙处）

结构方面：诗中三段能否颠倒顺序？（把握女主人公的情感）

几个问题围绕汉语，由字而词而句而篇，铺排有致，层层深入，深入浅出。

改写的基础是吃透原作，内化作者蕴含在作品中的情感或哲理，在此基础上，方可把自己的见解、思想融入其中，外显为自己的作品。这节课，程老师采用"改写"的手法，让学生在课堂上充分发挥想象力和创造力，让学生在想象与创造中进入诗歌境界，去创造性地感悟品味诗歌的语言之美。

诗歌教学，需要教师用一种诗人的气质和浪漫来引领和打造。需要从生命的高度重新构建诗歌课堂教学，使诗歌课堂不再生涩而僵化，不再枯燥而乏味，而是鲜活、灵动，充满情趣，精彩纷呈。"语文味"教学流派创始人程少堂老师，正是用他诗人的气质与浪漫，通过引领学生品味诗歌语言，唤醒了潜藏在学生心中的诗情、诗意、诗性，让学生体验到了"一种富有教学个性与文化气息的，同时又生发思想之快乐与精神之解放的，令人陶醉的诗意美感与自由境界"（程少堂《构建一种新的教学法》）。程少堂老师，诗意的人，诗意的教学，诗意的课堂，让学生诗意地畅游在诗歌的长河之中。

我读程少堂

最近，中语参刊载了语文味教学流派创始人程少堂老师的教学语录共28条，读后感慨颇深。其中第17条更是给我留下了深刻的印象。程老师说："语文教师要成为名师，就要会'玩教材'。没有枯燥的课文，只有枯燥的教师。语文教师要努力把语文课上得好玩些。所谓语文味，通俗地说，就是在扎实的基础上，把语文课教得有趣些，有味些，好玩些。"程老师的见解，不是凭空想出来的。作为一名"实践型的教研员"，他始终没有脱离一线的授课实践，他有数十节代表课，这些代表课，一个共同点就是在扎实的基础上，教得有趣、有味、好玩。甚至有人认为，程老师是一个很"花心"的人，他千方百计变着手法玩教材、玩课堂。在《你是我的同类》一课的教学中，程老师的教学玩出了高水平、高境界。受程老师"语文味论语"第17条的启示，我在课堂教学中，也尝试着去"玩教材"。现以曹操的《短歌行》为例。过去，我在讲这篇课文时，总是采用串讲法，先一字一词一句对照注解译文来讲。接着，从主题思想讲到表现手法，方方面面，面面俱到，从上课讲到下课，滔滔不绝。结果，有一回讲完课后，有一个学生对我说："当我一个人读《短歌行》的时候，我激动、我兴奋；听老师讲《短歌行》时，我却睡着了。"学生的话，令我十分汗颜。今年，我再次讲曹操的《短歌行》时，一反过去的串讲模式，也来了一个"玩教材"。我是这样设计课堂的：

大家看过《三国演义》吧，在《三国演义》中，曹操是一个"奸雄"的形象，如曹操杀吕伯奢，杀杨修等。曹操的名言就是"宁教我负天下人，休教天下人负我"。所以后人觉得曹操是"治世之能臣，乱世之奸雄"，是一个奸诈、阴险、嫉妒的人。历史上的曹操果真是这样一个人吗？今天我们学习《短歌行》，让我们重新发现曹操。假如要建一个曹操纪念公园，公园里要放一尊曹操塑像，你是塑像设计师，你会为曹操设计一尊怎样的塑像？请同学们认真研读《短歌行》，以《短歌行》为依据，为曹操设计一尊塑像，并结合原诗说出你的设计理由。

在笔者的精心引导下，学生思维渐趋活跃，感情的潮水逐步高涨，发言的同学一个接着一个。

有的同学说，要把曹操塑造成一个珍惜时光者的形象，他手里端着酒杯，抬头仰望天上的太阳，嘴巴微微张开，慨叹生命易逝，人生譬如朝露。如此塑造的理由是诗中有"对酒当歌，人生几何？譬如朝露，去日苦多"的句子。

有的同学说，要把曹操塑造成一个求贤若渴者的形象，他手里拿着一张求贤令，上书"唯才是举"四字，双眉微蹙，若有所思。如此塑造的理由是诗中有"青青子衿，悠悠我心。但为君故，沉吟至今"的句子。

有的同学说，要把曹操塑造成一个礼贤下士者的形象，他手里握着《论语》，上书"有朋自远方来，不亦说乎？"字样，面带微笑，双腿迈步，似迎接客人的样子。如此塑造的理由是诗中有"呦呦鹿鸣，食野之苹。我有嘉宾，鼓瑟吹笙"的句子。

有的同学说，要把曹操塑造成一个胸怀大志者的形象，他应该站在高处，昂首挺胸，双手叉腰，双目望着远方。如此塑造的理由是诗中有"山不厌高，海不厌深。周公吐哺，天下归心"的句子。

……

这堂课，就在为曹操塑像中，让学生弄清了诗歌的关键句意，把握了曹操形象，理解了诗歌的主旨。课上得十分有趣，有味，好玩。学生学得兴致盎然。

程老师说：会教书的教师把教学过程变成师生互相享受的过程，不会教书的教师把教学过程变成互相难受的过程。有的教师的教学不是激起学生对语文学科的兴趣，而是年复一年月复一月日复一日可持续发展地扼杀学生学语文的兴趣，让学生从讨厌语文发展到憎恨语文。我们要避免这种语文教学的悲剧，一个重要的手段，就是程老师所说的要学会"玩教材"。

今后，我要谨记程老师的教导，学会更好地"玩教材"，玩出水平、玩出境界。

我对语文味的教学实践

　　学习语文味，学习程少堂，不是为了模仿，而是为了创造。将语文味与自己的教学实际相结合，反复思考，反复实践，终于探索出了一种切合自身教学个性的教学法——语文悬念教学法。

　　语文悬念教学法在教学内容上借鉴语文味教学法的"一语三文"，从语言、文章、文学、文化四个层面展开教学；在教学形式上，注重设置悬念，采用比较异同法、倒叙追问法、问题诱导法、语言节奏法、开合教材法、故意错误法等手段适时地创设"悬念"，构建一种期待，这种期待使学生产生一种关注、好奇、牵挂的心理状态，使教学过程成为师生不断想象、不断推理、不断思考、不断质疑、不断批判、不断发现、不断求证、不断享受的过程。

《荒原中的舞蹈》教学实录

上课时间：2013年11月28日下午

上课地点：深圳市高级中学学术报告厅

上课班级：高一（3）班

听课教师：来自深圳市各校语文教师近1000人听课

　　2013年11月28日，在"第三届深圳市中学语文名师大讲坛"活动中，何泗忠老师讲授《荒原中的舞蹈》公开课。与会老师赞叹不已，好评如潮。深圳市名师、龙岗区语文教研员曹清富先生评价说："这首诗遇到何泗忠先生是这首诗的幸运，何先生遇到这首诗也是何先生的幸运，我们遇到这样的诗歌课堂是我们的幸运。"

学生认真听作者讲《荒原中的舞蹈》公开课

　　师：上课！

　　生：起立！

师：同学们好！

生：老师好！

师：同学们请坐！今天，我们一起来学习一首现代诗歌《荒原中的舞蹈》。一谈到学习诗歌，我就想起了"语文味"教学流派的创始人程少堂先生对朗读的理解与叙述。因此，我们今天从朗读的角度，分三个朗读的层级来学习这首诗歌，来个以"读"攻"读"，"读"领风骚，让我们在读中识、读中悟、读中问、读中说、读中议，好不好？

生：好。

一、初读课文，探究诗歌的形象美

师：鉴赏诗歌的第一步就是初读课文。请同学们在下面自由朗读《荒原中的舞蹈》，同时思考这样一个问题：诗歌塑造了一个丰富复杂的抒情主人公"我"的形象，"我"是一个什么样的"我"呢？根据诗歌内容，在"我"前面的横线上加定语。

（教师出示幻灯片：一个＿＿＿＿＿＿的"我"）

（教师采用填空法设置课堂悬念，使学生产生浓厚兴趣，并大声读诗，同时用笔在诗歌上写写画画，教师在一旁巡视，了解学生的读书情况）

师：刚才同学们读了这首诗，而且在边读边思考，有的同学还动笔写了不少，下面，我们来加定语，谁首先来说说，诗歌塑造了一个什么样的"我"的形象？

生1：一个孤独的"我"。

师：你从诗歌哪个地方看出是一个孤独的"我"？

生1："有一种舞蹈，在荒原，那是独舞"。荒原，那是人迹罕至的地方，一个人在"千山鸟飞绝，万径人踪灭"的地方跳舞，不是很孤独吗？这里与"孤舟蓑笠翁，独钓寒江雪"的柳宗元的心境何其相似！

师：是的，你理解得很到位。诗人于2001年首次提出"语文味"概念，当时，赞成的人不多，反对的人不少，追随诗人脚步的人更少，诗人感到十分孤独，回首一看，只有时间是他唯一的伴侣。

生2：一个激情四射的"我"。

师：从哪里看出是激情的"我"？

生2："火辣辣的恋爱""电光石火""向日葵在燃烧""尖叫"，从这些富有热度的词句，可以看出"我"是一个充满激情的"我"。

师：呵，你找得十分准确。

生3：一个狂野的"我"。

师：你眼光独到，说说你的依据。

生3："怀素的醉后狂草"。怀素是唐朝的一个草书大家，其书法飘逸流畅，字如其人，书法反映了怀素狂野的性格，诗人用怀素的书法来比喻自己的舞蹈，实际暗示诗人自己也是一个狂傲不羁的人。

师：说得好，同学们还有新发现吗？

生4：一个有使命感的"我"。

师：看来同学们对诗歌形象的把握越来越全面丰满了，说说你的理由。

生4（先声情并茂地朗诵诗歌第四节，然后分析）：诗歌第4节"我为父亲而舞，为老母而舞，为祖先而舞，为故乡而舞，为祭日而舞"，可见诗人是一个有使命感的人。

师：是的。你的理解很深刻，诗人小时候，自己曾遭受过冷漠，家族曾受到过欺负，因此，诗人有一种振兴家族的使命感。诗人在他的一篇文章中曾经说过，"我在心里对自己的灵魂呐喊：'你要记住！你要奋斗'"，这位同学了不起，你与诗人真是"心有灵犀"啊！

生5：老师，我也有独到的发现。

师：是吗？你说说看。

生5：一个自我陶醉的"我"。"无人看我亦舞蹈，无人懂我亦舞蹈，没人喝彩我亦舞蹈，我，为天地而舞，天地是我的观众，我，为我而舞，我是我自己的观众"，从这一段诗中，我仿佛看到了古希腊那个自恋的少年。

师：你的发现的确与众不同啊！你能给大家说说古希腊那个自恋的少年吗？

生5：这是一个美丽的古希腊神话，美少年那西斯在水中看到了自己的倒影，便爱上了自己，每天茶饭不思，憔悴而死，最后变成了一朵水仙花。"我，为我而舞，我是我自己的观众"，诗人同样崇拜自己。

师：是啊，诗人有崇拜自己的资本，因为诗人是一个才华横溢的人。看来，同学们未见其人，但领其神，诗人就是这样的一个人啊！

生6：老师，我认为诗人还是一个勇于创新的人。

老师：是吗？你从哪儿看出来的？

生6：诗歌第2节，提到仓颉、伏羲、怀素、梵·高、卡夫卡，这些人，都是一些富有创造精神的人，是一些向未知领域勇敢挑战的人。仓颉被尊为"造字圣人"，伏羲是古代传说中中华民族人文始祖，梵·高、蒙克都是现代表现主义绘画的先驱。

师：呵，你懂得真多。

生6：因为我喜欢文学，喜欢艺术。我父母让我看了许多这方面的书。

师：看来，同学们全面立体地把握了诗歌中"我"的形象，其实，这个抒情主人公"我"就是作者，就是程少堂老师。（出示幻灯片，并指着幻灯片说）

诗歌中"我"的形象

程少堂老师就是一个孤独的人，正如诗人一样，诗人在一篇文章中说过："老实说，我向来固执地认为，如果说我的一些主要优点，如有理想，好胜，追求上进，坚韧不拔，诚实正直，以及善良等，主要是受了母亲的影响，那么，我的一些毛病，如急躁，没有城府，说话不会拐弯子等，主要来自父亲的遗传。"

同学们很不错，你们未见诗人，却用自己的语言，把诗人的形象描绘了出来。但诗歌之所以是诗歌，而不是小说，更重要的在于它的语言的精练和生动传神。下面，我们来品味一下这首诗歌的语言美。

二、研读课文，品味诗歌的语言美

师：刚才同学们通过初读课文，探究了诗人的形象，但对词要有更深层次的理解，还得研读课文，品味诗歌的语言美。今天，我们从一个独特的角度，从比较的角度，来品味这首诗歌的语言美。俗话说，好文章是改出来的。一些很美的作品，一些杰出的作品，都是反复修改出来的。毛主席的诗词我最爱读，毛主席的诗词写得很好，但毛主席对自己的诗词也是反复修改的。（出示毛泽东《蝶恋花·答李淑一》手迹）

师（教师指着涂改处）：毛主席写诗词，有涂改，说明毛主席也是反复锤炼自己的诗歌语言的。还有像王安石的"春风又绿江南岸"名句，句中的"绿"字，最开初写的是"到"字，后改为"吹"字，后改为"满"字，最后才定为"绿"字。程老师的这首《荒原中的舞蹈》也是经过反复修改而成的，这首诗的最初版本与现在版本就有许多不同之处，下面，我们来品味一下几种不同的写法，看哪种写法好？（教师出示幻灯片）

> ### 二、研读课文，品味读歌的语言美
>
> | 写法一 | 写法二 |
> | --- | --- |
> | 有一种舞蹈　在荒原 | 有一种舞蹈　在荒原 |
> | 那是仓颉和文字 | 那是仓颉和文字 |
> | **火辣辣**的恋爱 | **激情**的恋爱 |

两种不同的写法对比（1）

师（指着幻灯片说）：同学们，请你们仔细读一下这两种写法，边读边想，以研究的形式、欣赏的眼光，去感悟、去发现两种写法的不同，看是"火辣辣"好还是"激情"好？（学生自读并讨论）

生7：我觉得"火辣辣"好。

师：为什么？

何泗忠老师与学生交流问题

生7：因为"激情"这个词太抽象，"火辣辣"这个词则是"激情"的具体体现，它表现了诗人内心一种炽热的情感。

师：我也同意你的观点，"火辣辣"比"激情"来得更形象生动，更可感，它给我们一种用舌头能够接触到的味觉，还有一种用鼻子能闻得到的嗅觉，使我们能立体地、多角度地感受到这种激情，这个词，用得更有语文味，诗人是全国著名的"语文味"教学流派的创始人，因此，他写的作品也有语文味。

师：同学们鉴赏品味语言的水平的确很高，下面我们来看第二例。（教师出示幻灯片）

二、研读课文，品味诗歌的语言美

写法一	写法二
我为天地而舞	我，为天地而舞
天地是我的观众	天地是我的观众
我为我而舞	我，为我而舞
我是自己的观众	我是自己的观众
我为道而舞	我，为道而舞
道就在彼岸	道就在彼岸

两种不同的写法对比（2）

师（指着幻灯片说）：请同学们仔细比较一下，以上这两种写法有何异

同，哪种写法好？（生讨论比较）

生8：写法一和写法二，就是标点符号不同，但我觉得在意思表达上没有什么不同。

师：是吗？同学们同不同意他的观点？

（有的学生点头，有的学生摇头）

生9：我不同意他的观点。写法二在"我"的后面加上标点，让"我"单独停顿，更能强调"我"的重要性，更能突出"我"的自豪和自信。

师：你能读一下这两种写法吗？

生9：可以。

（生昂起头声情并茂地读，尤其是在读到写法二时，一种自豪之情洋溢其中）

师：这个同学读得真好，他把握住了诗人此时的内心世界，此时的诗人，是在向世人庄严宣示："我，为天地而舞，天地是我的观众。我，为我而舞，我是我自己的观众。"一个标点符号，充分显示了诗人的自豪感。请同学们站起来有感情地齐读一下写法二。（学生们昂首挺胸，大声齐读，读得气壮山河）

师：你看，诗人为了写好每一行诗，不仅在用词上字斟句酌，而且在标点使用上也是煞费苦心。下面我们再来看第三例。（教师出示幻灯片）

二、研读课文，品味诗歌的语言美

写法一
独舞着把自己灌得半醉
然后醉倒在祖先的怀中和祖先诉说——
请您记住请您记住我是您的子孙我是您
独舞的子孙！

写法二
独舞着把自己灌得半醉
然后醉倒在祖先的怀中和祖先诉说——
请您记住我是您的子孙
独舞的子孙！

两种不同的写法对比（3）

师（指着幻灯片）：请同学们比较一下，这两种写法哪个好？

（学生读，并讨论）

生10：老师，这还用说吗？我觉得写法二好，因为写法二语言干脆利索，而写法一显得有些重复啰唆。

生11：老师，我不同意他的看法。写法一看似重复啰唆，但正是这种重复啰唆，更真挚、更深情地表达出了"我"扑在祖先怀中向祖先倾诉的感觉，写出了一种铁汉柔情。

师：这位同学心思细腻，他抓住了诗人感情的微妙变化。是的，诗人是一位硬汉，是一位教坛斗士，是一个唐·吉诃德式的人物，但是，再硬气的人，再坚强的人，也有他感情脆弱的一面，尤其是从战斗归来，从奋斗归来，来到自己的祖先面前，扑倒在祖先的怀中，就禁不住把自己的柔情倾诉出来，"请您记住请您记住"，如怨如慕、如泣如诉，这一重复啰唆，显得十分真挚感人。我看过诗人不少文章，诗人惯用这种重复啰唆手法，表真意、抒真情。如他的《我们当年——给女儿的信》那篇文章，通篇是重复啰唆的语句，把一位父亲对女儿的慈爱温柔充分地表达出来了，我看后泪眼婆娑，许多人看后，也是情不能自已，据说当年整个深圳都浸泡在这篇文章的泪水里边了，"岂有文章惊深圳，'废话连篇'只为情"。这样看来，诗人写诗，不仅在遣词造句、标点使用上十分讲究，就是在文章的修辞手法上，也是处心积虑的，"为人性僻耽佳句，语不惊人死不休"啊！下面，我们再来看看最后一例。（教师出示幻灯片）

> **二、研读课文，品味诗歌的语言美**
>
> | 写法一 | 写法二 |
> |---|---|
> | 有一种舞蹈 | 有一种舞蹈 |
> | 在荒原 | 在荒原 |
> | 那是 | 那是 |
> | 独舞 | 独 |
> | 因为 | 舞 |
> | 荒原中 | 因为 |
> | 没有群舞 | 荒原中 |
> | | 没有群舞 |

两种不同写法的对比（4）

师（指着幻灯片）：请同学们仔细观察，这两种写法的不同在哪里？

生12（迫不及待）：老师，老师，是不是搞错了，这两种写法，一字不多，一字不少，只是"独舞"二字排列不同而已，这可能是作者一时疏忽，应该没什么深意。

师：你观察十分仔细，但这样排列真的没什么深意吗？请你想想，也请大家想一想。

生12：我觉得这样排有点怪怪的，不好。

生13：我觉得把"独"字和"舞"字单独排行，从直观上看，好像更显示出一种"独舞"，一种孤独的感觉。

师：这位同学的直觉很有道理。诗人这样排列"独舞"二字，显示出一种建筑美，更突出了荒原中的独舞的主题，也与《程少堂语文教育思想研究》那本书的封面上的那棵槐树，象征独舞姿态的那棵槐树十分形似和神似。（出示书的封面图）

《荒原中的舞者》封面

（听课的全体师生为老师的精彩分析报以热烈的掌声）

师：到此为止，我们探究了《荒原中的舞蹈》一诗的形象美，品味了

《荒原中的舞蹈》一诗的语言美。但诗歌本质上应该是抒情的艺术，因此，鉴赏诗歌的最高境界应该是美读课文，感受诗歌的情感美。

三、美读课文，感受诗歌的情感美

师：什么是美读？叶圣陶先生在《中学国文学习法》一文中说："所谓美读，就是把作者的情感在读的时候传达出来。这无非如孟子所说的'以意逆志'，设身处地，激昂处还他个激昂，委婉处还他个委婉。美读得其法，不但了解作者说些什么，而且与作者的心灵相感通了，无论兴味方面或受用方面都有莫大的收获。"请同学们美读课文，体味情感，走进诗人的情感世界。

（学生摇头晃脑地自由美读，教师在学生中巡视，5分钟后）

师：下面请一位同学示范美读一下，将作者丰富复杂的情感传达出来。

（一女生站起来诵读）

师：她读得怎么样？

生14：读得声音洪亮，字正腔圆，但没有节奏起伏变化，因此没能表达出作者丰富细腻的思想感情。如诗歌第2节，"那是生命与激情的凝聚与迸发，把太容易平庸的讲台，创化为逍遥游的舞台，奔逸绝尘，流光溢彩，金碧辉煌"，这里是作者向外界大声宣示自己的奋斗目标与理想，因此要读得激越高昂一些；又如第6节，是畅想自己理想实现以后，面朝大海、面对南山，因此要读得舒缓陶醉一些。

师：那你来读一下，好不好？

（生14十分投入地读，读完后，听课师生报以热烈的掌声）

师：他是用心来读的，根据作者感情的变化，读得时而庄严激昂，时而张扬自信，时而舒缓陶醉，时而低沉呜咽，时而大弦嘈嘈如急雨，时而小弦切切如私语，把作者的创造热情、奋斗精神、执着追求、豪迈自信、辛勤耕耘、自我陶醉等表现得淋漓尽致。

下面请全体同学美读两个片段：（教师出示投影）

我，为天地而舞
天地是我的观众
我，为自己的内心而舞
我是我自己的观众
我，为道而舞
道就在彼岸　仿佛
一只千年守候的白狐
我为我那已经长眠于大地的父亲而舞
我为我那生活在遥远的故乡声音依然爽朗的老母而舞
我为我的祖先那快要被时间的长河淹没的祖先而舞
我为我那贫瘠的可爱又可恨的故乡而舞
我为老家门前槐花的朴实桂子的清贞而舞
我为我的死亡的祭日而舞
独舞！独舞！独舞！
不在独舞中爆发爆发爆发爆发爆发
就在独舞中寂灭寂灭寂灭寂灭

三、美读课文，感受诗歌的情感美

诗歌的片段

师（指着幻灯片）：请同学们注意，当读到"不在独舞中爆发"一句时，将"爆发"重复读四遍，而且声音呈递增状态，当读到"就在独舞中寂灭"时，"寂灭"重复读四遍，而且声音呈递减状态。

（学生读得十分投入，直诵得整个教室波澜起伏。

师：诗歌是读出来的，同学们这一段读得非常精彩。下面，我们再来齐声美读一段。（教师出示幻灯片）

三、美读课文，感受诗歌的情感美

有一种舞蹈
在荒原
那是
独
舞
因为
荒原中
没有群舞
我把我的尸体栽种在荒原
它会发芽，之后会开花

开花
开花
开花
开花

读诗歌，感悟诗歌的情感美

师（指着幻灯片）：请同学们注意，当读到"它会发芽，之后会开花"一句时，将"开花"重复读四遍，声音呈递增状态。

（学生们摇头晃脑地齐声美读，声音回肠荡气，当读到最后一句"它会发芽，之后会开花"时，将"开花"一词重复四遍，声音由小到大，呈递增状态，仿佛看到那花朵渐次开放，漫山遍野，诗人在花丛中微笑——含泪地笑！）

师（激动地说）：少堂老师创立语文味，由当初的"独舞"，已经变成了"群舞"，他栽种的"语文味"种子，不仅已经发芽，而且开了花，"少堂老师创造了奇迹。不到八年的时间，他这位'语文市长'不仅成功地建立了自己的根据地，而且冲杀突击，把语文味的'红旗'插遍了全中国，星星之火渐成燎原之势。"程少堂之前没有程少堂，程少堂之后有千千万万个程少堂。

（何泗忠老师上课悬念迭出，幽默风趣，听课的学生和老师时而微笑，时而发出雷鸣般的掌声，《荒原中的舞蹈》鉴赏达到高潮。）

听课的学生和老师为何泗忠老师的课鼓掌

师（总结）：这节课，我们采用三个朗读步骤，学习品味了程少堂老师的《荒原中的舞蹈》（教师出示幻灯片）：

（1）初读课文，探究了诗歌的形象美。

（2）研读课文，品味了诗歌的语言美。

（3）美读课文，感受了诗歌的情感美。

《荒原中的舞蹈》是一首内涵十分丰富的诗歌，由于时间关系，我们今天只能粗略地探究这些，谢谢同学们！

《雨巷》教学实录

上课时间：2015年9月11日

上课地点：深圳市第二高级中学

上课班级：高一（17）班

听课教师：来自深圳市高中学校语文骨干教师代表约120名

师：上课！

生：老师好！

师：同学们好！请坐。

师：今天我们来学习一首戴望舒的现代诗《雨巷》。1927年，22岁的戴望舒创作了《雨巷》，《雨巷》最初发表在1928年的《小说月报》上，引起很大反响，叶圣陶称《雨巷》"替新诗的音节开了一个新纪元"，戴望舒也因此诗获得"雨巷诗人"的雅号。以至在他离世几十年后的今天，诗歌依然名重诗坛。他的同乡作家冯亦代先生十分感慨地说：我心里永远保持着他《雨巷》中的诗名给我的遐想。当年在家乡时，每逢雨天，在深巷里行着，雨水滴在撑着的伞上，滴答滴答，我便想起了《雨巷》里的韵节。那么这首迷人的诗，它的魅力到底在哪里呢？下面就让我们共同欣赏这首《雨巷》。请同学们打开书，诗歌，我们第一步就是要读起来。（教师出示幻灯片）

一、采用诵读法，从节奏的角度感受诗歌的感情基调

师：读诗要把握诗的感情基调，把自己变成抒情主人公，融入诗的意境中。下面，请同学们自由朗诵《雨巷》，自己去体会一下这首诗歌的感情

基调。

（学生开始积极朗读起来，教室里充满朗读声，8分钟过后，教师让学生当堂朗读）

师：刚才同学们都十分投入地朗读了诗歌，读诗，需要读准字音、读清节奏、读出感情。接下来，我们找一位男同学朗读诗歌，看能否把握好这三点。其他同学仔细听，读完后请同学们来评价。

（指一生朗读，其他学生评价）

生1：感情把握得还可以，但是，他有一些地方节奏把握得还不太好。

师：哪个地方？那你认为怎样读更好？

（生1读）

生2：他有两个词读音不准。第三节的"彳亍"和第五节中的"颓圮"读错了。"彳亍"应念"chì chù"，是小步慢走，或时走时停。"圮"应念"pǐ"，是毁坏、倒塌的意思。

师：对，我们齐读一下这两个词。

（师生齐读"彳亍""颓圮"）

生3：他读"悠长、悠长/又寂寥的雨巷"不太好。

师：那你觉得应该怎么读？

（生3读）

师：同学们觉得她读得还行吗？再请一位同学试试。（生4再读，把握得还是不太好）

师：好像还是不太到位。下面我们请课代表朗读一下这首诗，好不好？

（生鼓掌，课代表朗读）

师：下面，我们来评价一下课代表的朗读，谁来评价？

生4：我认为他在感情上把握得不错，整首诗，在读的时候节奏应该比较慢，因为诗歌既没有大江东去的慷慨豪迈，也没有涓涓细流的明丽婉转，而是有一种忧伤、惆怅、凄婉、寂寥和朦胧的美，他用舒缓的节奏读出了这种美。

师：评价得不错，的确情感把握到位，颇似戴望舒再现。下面我们学习课代表，请大家集体来诵读这首诗歌。

（生齐读，整齐而有节奏）

师：总体来说，读得较好，但有些诗句朗读要注意语速再慢一些，有些词语要有一定的处理，如"悠长、悠长"要读出慢慢延伸的感觉，"远了、远了"要读出渐行渐远的味道，"飘过"要读出梦幻般的迷离。

（教师示范朗读一节或几句，让学生跟读，学生读得比前几次感情更到位）

师：我们通过朗读这首诗，充分地感受到了诗人的忧伤，那么你是从哪感受到这种忧伤的呢？

生5：从诗中的词语可以感受到。

师：你说得对。诗中用了大量带有忧伤的感情色彩的词语来表达忧伤的情感，而且用这些词语创造了一些意象来营造情感氛围。下面，我们采用比较法，从诗歌语言的角度来进一步感受这首诗歌的意境。（教师出示幻灯片）

二、采用比较法，从语言的角度感受诗歌的凄美意境

师：戴望舒的这首诗啊，还有一个版本，（教师出示幻灯片）

> 撑着油纸伞，独自
>
> 漫步在悠长，悠长
>
> 又寂寥的雨巷，
>
> 我希望逢着
>
> 一个丁香一样的
>
> 结着愁怨的姑娘。
>
> 她是有
>
> 丁香一样的颜色，
>
> 丁香一样的芬芳，
>
> 丁香一样的忧愁，
>
> 在雨中哀怨，
>
> 哀怨又彷徨；
>
> 她彷徨在这寂寥的雨巷，
>
> 撑着油纸伞
>
> 像我一样，
>
> 像我一样地

默默彳亍着，

冷漠，凄清，又惆怅。

她静默地走近

走近，又投出

太息一般的眼光，

她飘过

像梦一般的，

像梦一般的凄婉迷茫。

像梦中飘过

一枝丁香的，

我身旁飞过这女郎；

她静默地远了，远了，

到了颓圮的篱墙，

走尽这雨巷。

在雨的哀曲里，

消了她的颜色，

散了她的芬芳，

消散了，甚至她的

太息般的眼光，

丁香般的惆怅。

撑着油纸伞，独自

漫步在悠长，悠长

又寂寥的雨巷，

我希望飞过

一个丁香一样的

结着愁怨的姑娘。

师：这个版本是谁写的呢？

（教师构建一种期待，学生纷纷猜测）

师：这是我改的。（生大笑，兴趣大增）同学们，我就改动了几个字。

我改得好不好呢?

（学生开始积极讨论起来）

师：好，下面谁来说一下哪个好，自告奋勇地说啊，哪个同学来说一下？第一个是"漫步"好还是"彷徨"好？

生6："漫步"给人一种闲散的感觉，就感觉很随意啊，像饭后漫步、散步一样。

师：嗯，给人感觉比较闲散。

生6：用"漫步"破坏了诗歌的意境，教材上的"彷徨"比较好，有犹豫之类的比较悲伤、消极的感觉。

师：悲伤、消极，那"彷徨"与诗中哪些词是照应的呢？

生6：比如说一直重复的结着仇怨、哀怨、寂寥。

师：仇怨、哀怨、寂寥，是不是用"彷徨"和这些词吻合一些。

生：嗯。

师："漫步"是什么意思？

生7：散步。

师：这个散步心情怎么样？

生8：愉快。

生9：悠闲。

师：嗯，愉快、悠闲。我们说，"漫步在悠长悠长的雨巷"，假如我们不看后面的，就看前面的，"撑着油纸伞，独自漫步在悠长悠长的雨巷"，就还好，但是后面，一个寂寥，一个像我一样踟蹰，"踟蹰"是什么意思？

生：走走停停。

师：嗯，所以还是"彷徨"好吧，你看他这个感受就比较明显，说出了道理，感受到了词的基本意境。好，这是一个，接下来谁来说一下，"飘"好还是"飞"好？

生10：我感觉"飘"比"飞"好。

师：为什么？能在诗歌里找到理由吗？

生10：可以，"飘"对应着"凄婉""迷茫"，而且"飘"还有一种朦胧美。

师：嗯，"飘"有一种朦胧感，还有其他的吗？

生10：用"飞"有一种急促的感觉。

师：嗯，一种急促的感觉。"飞"给人感觉比较快吧？

生：对。

师：如果用"飞"，哪个地方与"飞"就有矛盾，不吻合了呢？

生10：彷徨。

师：嗯，与"彷徨"有矛盾，"彷徨"本来就很慢，"飞"就没有这种感觉了。还有吗？

生10：没有了。

师：好，他说了两个理由。第一个，"飘"有迷幻、朦胧的感觉，对应凄婉、迷茫。第二个，飞速度太快，就与心事惆怅、心事重重地走有很大的区别，未免太潇洒了一些。作者用"彷徨""飘"等词，营造了一种朦胧的、迷惘的意境。好，我们再来读一下这首诗歌，读出节奏，读得慢一点，来感受一下诗歌意境。请同学们带着感情再齐读一遍。

（学生开始齐读）

作者与学生沉浸在"雨巷"之中

师：嗯，整体读得不错，你们在读标题的时候要稍微读得长一点，（教师示范读）雨——巷——，戴——望——舒——，要读得慢一点，读出感觉来，而不是很快地读一遍。好，接下来，我为同学们示范一下，同学们可以不看作品，闭上眼睛，静静地聆听，沉浸到诗歌的情境里去。

（教师以伤感、失落之情，以较舒缓的节奏朗读《雨巷》，学生听时神

情专注，听完报以热烈的掌声）

师：诗歌朗读完了，我们感受到了什么？

生11：感受到了一种失落、惆怅的情绪。

生12：感受到了一种擦肩而过的忧伤。

生13：美好的事物，可望而不可即，令人伤感。

生14：这首诗写"我"在苦苦地追寻现实生活中不存在的梦幻般的事物。

生15：我感受到了一幅画面，仿佛看到了一条雨巷，一个男子和一个姑娘。

师：同学们说得真好，既感受到了情感，又仿佛看到了形象。的确，这首诗歌的画面感很强。下面，我们采用道具法，从文学的角度感受诗歌的形象美。（教师出示幻灯）

三、采用道具法，从文学的角度感受诗歌的独特形象

师：如果我们把这首诗当成一个剧本，我们现在试着要拍戏剧，那里面的人物应该有几个？

生16：两个。

师：是两个还是很多个？

生17：很多个。

师：很多个？是不是很多个呢？

生16：两个。

师：为什么只有两个呢？（教师声音提高）

生16：独自。

师：一个是独自，也就是"我"。第二个是谁？

生16：一个是姑娘。

师：这个雨巷是什么雨巷？

生16：寂寥的雨巷。

师：寂寥的雨巷，肯定不是热闹的雨巷，因此我觉得设计的人物应该是两个人。是不是？好，现在，我们角色确定两个，读了诗歌以后，感觉人物已经活灵活现地呈现在我们眼前了。假如我们要拍电影的话，我们要为他们穿

上衣服吧，现在我们为男主人公穿上衣服，男主人公应该穿着什么样子、什么颜色的衣服，女主人公应该穿着什么样子、什么颜色的衣服，才符合他们的身份和形象特征？设计一下啊！请同学们前后左右讨论一下。记得考虑诗歌的年代、意境啊。

（教师一说完，教室就热闹起来，学生们积极地讨论起来，6分钟后，教师让学生说出自己的想法）

师：看看男主人公穿什么衣服合适？哪个男同学来说说？

生17：白色的。

师：为什么？

生17：比较好看。

师：好看？难道我们说穿红色的衣服就不好看了吗？

生18：因为当时是比较凄清的氛围。

师：凄清的氛围，这就对了，如果是红色的就太热烈、太热闹了一点，所以也不能说好看，只能说白色适合诗歌的意境。还有吗？

生18：没有了。

师：那穿白色的什么式样的衣服？

生19：带扣子的。

师：带扣子的？到底是什么式样的？

生19：白色西装。

生20：白色中山装。

师：颜色知道了，但是什么式样的，有人说是西装，有人说是中山装。到底什么样式的衣服好？

生21：像孔乙己那样的长袍就好了。

师：像孔乙己那样的长袍就好了？

生22：再干净一点就好了。

师：诗歌中有什么证明是可以穿着长袍的？

生22：飘。

生23：不对，"飘"是写女的。

师：那从哪里看出是可以穿着长袍的？

生23：撑着油纸伞。

师：对啊，撑着油纸伞，油纸伞本身就具有复古、怀旧、神秘、迷蒙的特点，长袍、油纸伞，这就构成了一种古典美，而不是现在杭州的天堂伞、自动伞；油纸伞，这与诗歌的意境相吻合。关于穿什么衣服，男同学还有没有什么要说的？

生24：应该是要符合这种悲伤的基调，那么就要穿那种灰色的中山装。

师：深灰的。

生24：比较符合当时的年代。

师：灰色的可不可以？

生：可以。

师：灰色也给人一种冷漠惆怅的感觉，不张扬。红色的不行，灰色是可以的。我觉得，这个设计总体是可以的，那我们来看一下，感受一下。（教师出示幻灯片让同学看合不合适）

师（指着图片）：这个行不行？

生25：不行。伞太大了，西服太现代了，而且还是个外国人。

师（再次出示幻灯片）：这个行不行？

生25：不行，伞太花了，不符合身份。

师（再次出示幻灯片）：这个行不行？

生：可以。

师：我感觉也是这个，你看，穿着一件长衫，灰色的，撑着一把油纸伞，这样子男的形象一下子就出来了，穿红的是绝对不可以的，那是没把握住诗歌的意境。好，接下来，女主人公的装束又是怎样的呢？谁来说说？

生26：我想是民国的学生装。

师：嗯，民国的学生装。

生26：盘扣的上衣，下面是黑色的长裙，有点摆动的感觉。

师：为什么要设计黑色的长裙，有点摆动的感觉？

生26：上衣是蓝色的，衣服的边角可能是自己绣的花啊，蓝色比较忧郁一点，但是相对于男主人公的深灰，相对来说会明媚一点，就会让男主人公感觉有点希望的感觉在里面。黑色的长裙，韵味感觉比较悲一点。

师26：嗯，那裙子为什么要摆动的呢？摆动的感觉照应的是文章的哪里？

生26：因为诗歌中说，"她飘过像梦一般地凄婉迷茫。"摆裙就有"飘"的感觉。

师："飘"就感觉摆动得大一点。你是这么设计的，有没有道理啊？

生：有。

师：还有其他的设计吗？

生27：穿上下摆开衩的旗袍。

师：穿上上海滩的旗袍？（教师没听清，教室发出笑声，课堂气氛好）

生27：下摆开衩的旗袍。

师：下摆开衩的旗袍，那穿旗袍是什么感觉？

生27：高贵、优雅。

师：下摆开衩的旗袍，为什么要这样设计？

生27：他说那女郎，说明就不是学生的年纪了。

师：如果旗袍本身的特点是比较紧身的，就"飘"不过，但是她下面为开衩的，就可以"飘"了，那设计成什么颜色？

生27：白色的。

师：为什么？

生27：因为是丁香一样的姑娘。

师：丁香一样的姑娘，丁香花啊是白的，这就对啦。好了，还有没有其他的设计？好，那我们来看一下。（教师出示各种穿着式样的女郎照片幻灯片）

师（指着图片）：这个行不行？

生28：不行。

师：为什么不行？

生28：太霸气、太现代了，不符合当时的时代特征。

师（再次出示幻灯片）：这个行不行？

生29：不行。

师：为什么不行？

生29：太红了，颜色不符合。

师：嗯，太艳了。（再次出示幻灯片）这个行不行？

生29：不适合。

师：为什么不行？

生29：她在笑，不是结着愁怨的姑娘。

师（再次出示幻灯片）：这个怎么样？

（学生一致表示赞同）

师：就她是不是？

生29：对。从色彩基调来看，雨巷属于暗色调，而且是在雨中，与"我"的心情一样都是灰暗的、阴沉的。也与"丁香一样的颜色，丁香一样的芬芳，丁香一样的忧愁"相吻合。

师：说得好。从色彩方面，从意象角度把握住了这个姑娘的特点。那么，这里为什么用丁香来形容姑娘，可不可以用牡丹呢？接下来，我们从文化的角度来探讨一下这个问题。（教师出示幻灯片）

四、采用联想法，从文化的角度探究诗歌的深层意蕴

师：同学们，将诗歌中的"丁香"换成"牡丹"行不行？请同学们讨论一下。

（学生响应教师，热烈讨论，6分钟后，教师让学生回答问题）

生30：我认为不行。这是由诗歌的感情基调和主旨决定的。牡丹是富贵的象征，换成牡丹，就破坏了诗歌的意境，与作者所要表达的情感也不吻合。

生31：还有，与姑娘的性格气质也不吻合。

师：你们说得对。在中国传统文化中，牡丹是富贵的象征，在我国古典诗歌漫长的历程中，形成了很多传统的意象，它们蕴含的意义基本是固定的。比如，菊花，象征隐逸；竹子，象征气节；梅花，象征傲岸；青松，象征坚贞，等等。丁香花是一种非常美的花，多为白色或紫色，不妖艳，仲春时节开放，但极易凋谢。因此，"丁香"在文学作品中出现时常和愁怨的情绪相关联。（教师多媒体显示诗词资料）

代赠二首

唐·李商隐

芭蕉不展丁香结，同向春风各自愁。

浣溪沙

南唐·李璟

手卷真珠上玉钩，依前春恨锁重楼。风里落花谁是主？思悠悠！

青鸟不传云外信，丁香空结雨中愁。回首绿波三峡暮，接天流。

师（总结）：丁香，美丽、高洁、愁怨三位一体的象征。作者用丁香形容修饰姑娘，使姑娘具有了美丽、高洁、愁怨的特质。那么作者为什么希望逢着这样一位丁香一样的姑娘呢？"丁香一样的姑娘"到底象征什么？作者借此想要表达一个什么样的主题呢？请同学们思考思考，讨论讨论，一会儿我叫同学们说一说。

（课堂气氛活跃起来了，诗歌意象的不确定性和主题的多元性，让学生们充满兴趣，跃跃欲试）

生32："我"是一个心事重重的知识分子形象。"丁香般的姑娘"象征了诗人在大革命失败后苦苦追求的革命前景和希望。

生33："我"是一个苦闷的、人生的追求难以实现的知识分子形象。"丁香般的姑娘"可理解为生活中一切美的事物，如美好的人生理想，等等。

生34："我"可理解为一个失恋者的形象，这是一首爱情诗，表现了"我"失恋后仍苦苦追寻的执着情感。"丁香般的姑娘"可理解为诗人理想中的恋人形象。

生35：整首诗可理解为诗人在革命遭受挫折后，找不到出路，但不甘沉沦的精神痛苦与迷茫。

师："一千个读者就有一千个哈姆雷特。"人的阅历不同，生活经验不同，对同一首诗歌的理解就会不同。但是任何诗歌的欣赏都不能离开诗人的个人经历和创作背景，即所谓"知人论世"，让我们结合创作背景来加深对这首诗的理解。

（多媒体显示创作背景）

《雨巷》写于1927年夏天，是中国历史上一个最黑暗的时代。大革命失败，蒋介石对革命者的血腥屠杀，造成了笼罩全国的白色恐怖。原来热烈响应革命的青年，一下子从火热的高潮堕入了夜的深渊。他们中的一部分人，找不到革命的前途。在痛苦中陷于彷徨迷惘，在失望中渴求着新的希望的出现，在阴霾中盼望飘起绚丽的彩虹。戴望舒就是他们中的一分子。他这时候所写的《雨巷》一诗自然贮满了彷徨失望和感伤痛苦的情感。

师（总结）：看来，诗中的伤感不因为"丁香"，也不因为"姑娘"，而来自作者的心境，"丁香姑娘"的愁怨与美丽流溢的全是作者的心情。"一切景语皆情语"啊。以上，我们采用四个步骤，把握了诗歌的节奏、语言、形象和文化意蕴。下面，我们再从文章的角度来感受诗歌的形式美和音乐美。

（教师出示幻灯片）

五、采用美读法，从文章的角度欣赏诗歌的回环结构

师：叶圣陶先生曾经盛赞这首诗："替新诗的音节开了一个新纪元。"如果我们从音乐性的角度来欣赏这首诗，你有什么美的享受？

生36：读起来有一种一唱三叹、缠绵婉转的感觉。

生37：听起来像一首轻柔而忧伤的小夜曲。

师：说得好。那么，为什么会产生这样的效果呢？请同学们仔细研究诗歌结构，尤其比较分析一下诗歌首尾两节的句式与用词，想想其中的原因。可以相互讨论。

（学生响应教师召唤，热烈讨论，4分钟后，教师让学生回答）

生38：全诗在结构上，有一种回环的美。从全诗看，第一节和最后一节除"逢着"改"飘过"之外，其他语句完全一样，首尾呼应，不仅加重了诗人彷徨苦闷的心境，也增强了全诗的音乐性。

生39：全诗在语言上，采用了反复的手法。如"哀怨，哀怨又彷徨"，"像我一样，像我一样地"。

师：同学们说得真好。下面，我们美读诗歌，来感受一下诗歌的这种回环美与音乐美。

（学生们深情地朗读，进一步体会诗歌的意境、主题，在美读中结束这堂课的教学）

师：这节课，我们从五个维度，鉴赏了诗歌的节奏、语言、形象、文化意蕴以及诗歌的结构。一个忧伤的"我"在一条雨巷遇见了一个丁香一样的姑娘，请同学们课后把这首诗迅速背下来。今天的课，我讲到这里，谢谢同学们。

《一个文官的死》教学实录

上课时间：2014年5月30日上午第1节

上课地点：深圳市第二高级中学

上课班级：高二（17）（18）班

听课教师：来自深圳市高中学校语文骨干教师代表约200名

师：上课！

生：老师好！

师：同学们好！请坐。

师：世界上有三个以写短篇小说著称的大师，他们被称为"三大短篇小说之王"，有谁知道吗？

生1：莫泊桑。

师：还有呢？

生2：美国的欧·亨利。

师：正确。还有一个呢？

生3：契诃夫。

师：对啦，"世界三大短篇小说之王"就是——（教师出示幻灯片）

> 法国的莫泊桑。
>
> 美国的欧·亨利。
>
> 俄国的契诃夫。

师：今天，我们来学习一篇契诃夫的短篇小说《一个文官的死》。

一、初读课文

（采用主问题设计法从文化的角度探索小说中人物切尔维亚科夫的死亡原因，解读人性及沙皇专制制度与人物命运走向的关系）

师（用幻灯打出课文结尾部分）：

"滚出去！！"将军脸色发青，周身打抖，突然大叫一声。

"什么？"切尔维亚科夫低声问道，吓得愣住了。

"滚出去！！"将军顿着脚，又说一遍。

切尔维亚科夫肚子里似乎有个什么东西掉下去了。他什么也看不见，什么也听不见，退到门口，走出去，到了街上，慢腾腾地走着。……他信步走到家里，没脱掉制服，往长沙发上一躺，就此……死了。

师（指着幻灯片）：请同学们齐读幻灯片内容。

（学生齐读）

（何泗忠老师采用倒叙法设置课堂悬念，激发学生学习兴趣，课堂充满语文味）

学生认真听讲并展示倒叙法

师：同学们读得不错，下面我们分角色再读一下这段文字。

（一学生读叙述的文字，一学生读切尔维亚科夫的对话，全体学生读将军的对话。学生们读出了将军的飞扬跋扈，读出了切尔维亚科夫的战战兢兢）

师：同学们刚才读的是契诃夫写的《一个文官的死》的短篇小说的结尾。读了这段文字后，我们如果把一个文官换成一个具体的人的名字，我们就可以把这篇小说取名为——

生（齐）：《切尔维亚科夫的死》。

师：如果我们把它拍成电影，这就是死亡现场。

生：好恐怖的死亡现场。

师：从描写的这段文字来看，切尔维亚科夫死得离奇。"往长沙发上一躺，就此……死了。"这里有一个省略号，给我们留下了无限想象的空间。

（采用倒叙追问法设置课堂悬念，引发学生疑问）

生4：切尔维亚科夫到底是怎么死的呢？

师：你问得好。下面，我们就成立一个"切尔维亚科夫之死"专案组，调查一下切尔维亚科夫的死因。

（采用倒叙追问法设置课堂悬念，激发学生学习探究的兴趣）

生5（兴致勃勃，十分好奇）：那我们就是警官了。

师：作为一个警官，面对切尔维亚科夫的死亡现场，你们会产生什么疑问呢？

生6：切尔维亚科夫之死是属于正常死亡，还是非正常死亡？是自杀还是他杀？

生7：切尔维亚科夫离奇地死亡，谁会是凶手？谁要负责？

师：对了。下面，我发布一个悬赏令：（教师出示幻灯片）

各位同学：

俄罗斯文官切尔维亚科夫离奇死在家中，死因不明。现向你们悬赏破案，能查出死因者，奖励100万卢布。

联系人：刑侦大队长阿列克赛耶维奇·何泗忠

2014年5月30日

何泗忠老师引人入胜的课堂，学生正在讨论思考

师（指着幻灯片）：现在，你就是警官，展开调查。下面请同学们分组结合课文讨论，回答"切尔维亚科夫离奇地死亡，谁会是凶手？谁要负责？"这个问题，并且说出理由。

（学生们带着强烈的好奇心，贪婪地阅读课文，同时展开了热烈的讨论，教师在学生中巡视，有时参与学生讨论。8分钟后，学生踊跃发言）

生8：切尔维亚科夫属于非正常死亡。我认为，切尔维亚科夫的妻子应对切尔维亚科夫的死负责。

师：为什么？你能说出理由吗？

生8：当切尔维亚科夫向他妻子说出事情的原委后，他的妻子没有为他排忧解难。

师：事情的原委？到底是什么事情？

生8：就是切尔维亚科夫在剧院看戏，打了一个喷嚏，溅在了一位将军的秃头上。

师：写打喷嚏的文字在哪里？

生8：在小说的第1自然段。

师：是的，这个细节描写很生动。你能读给大家听一下吗？

生8（读）：可是忽然间，他的脸皱起来，眼珠往上翻，呼吸停住……他取下眼睛上的望远镜，低下头去，于是……啊嚏！！！诸位看得明白，他打了个喷嚏。不管是谁，也不管是在什么地方，打喷嚏总归是不犯禁的。农民固然打喷嚏，警察局长也一样打喷嚏，就连三品文官偶尔也要打喷嚏。大家都打喷嚏。

（学生读得声情并茂，有时还做动作，赢得了一片掌声）

师：这个细节描写很生动，很传神，通过她一读，更生动，更传神。

师（指着幻灯片）：同学们，你们说说看，这段文字中，哪些词语用得特别生动，特别传神？

（学生在下面认真思考，一会儿，有学生举手）

生9：我觉得"他的脸皱起来，眼珠往上翻"，写得特别传神。"皱""翻"用得特别好。因为打喷嚏，先是他的嘴巴动，眼珠往上翻，体现他的难受和克制，写出了切尔维亚科夫小心翼翼的性格特点。

生10：而且"脸皱起来，眼珠往上翻"，作者这个细节描写观察得十分仔细。这里，契诃夫不仅是从文学的角度，而且是从生理的角度来写打喷嚏这个细节的。

师：刚才两位同学说得很好，分析得十分到位。契诃夫为什么既能从文学的角度来写，又能从生理的角度来描写人物呢？这就与契诃夫的生活经历有关了。当时，我看了这个细节，我就猜，契诃夫可能学过医学，结果一看契诃夫的介绍，他果然学过医学。（教师出示有关契诃夫简介的幻灯片）

安东·巴甫洛维奇·契诃夫（1860—1904）出生在南俄塔甘罗格市一个小商人家庭，童年生活枯燥乏味。父亲破产后，全家迁居莫斯科，只有契诃夫留在家乡继续求学，他从小就体会到世态炎凉。1880年，他进入莫斯科大学医学系学习。同年，他发表第一篇作品《给有学问的邻居的信》。其后几年，他一面上学，一面以"契洪特"的笔名在《蜻蜓》等刊物上发表了大量的讽刺幽默作品。契诃夫大学毕业后，一面行医，一面继续进行创作，他的代表作有小说《小公务员之死》《变色龙》《第六病室》《套中人》等。

师（指着幻灯片）：因为他是医师，他笔下的许多人物形象都是病人，他以职业医生的敏锐透视生活。

生11：老师，我发现，许多伟大的艺术家、作家，都学过医学，达·芬奇学过医，契诃夫学过医，鲁迅学过医，郭沫若学过医，《我很重要》的作者毕淑敏也学过医。

师：你这是一个十分有趣的发现，医生兼作家，既能从生理的角度写人，也能从心理的角度写人，故鲁迅先生能写出《狂人日记》，这里的契诃夫的"他的脸皱起来，眼珠往上翻，呼吸停住"这样的描写，一般人也是写不出来的。

生12：我很欣赏"农民固然打喷嚏，警察局长也一样打喷嚏，就连三品文官偶尔也要打喷嚏"这几句。

师：你为什么欣赏这几句？你觉得好在哪里呢？

生12："固然""也一样""偶尔也要"，这几个关联词用得特别好。这几个关联词一用，小说语言就显得幽默风趣，富于讽刺意味了。

师：你读得挺仔细的。我曾看过另一个版本的翻译，是这样翻译这几句的：庄稼汉打喷嚏，警长打喷嚏，有时连达官贵人也在所难免。显然，这样翻就没教材中翻译好，教材中翻译更接近契诃夫的写作风格。好，我们再回到前面，（教师指着生8）你为什么认为，切尔维亚科夫的死，他的妻子要负责呢？你从课文中能找到什么依据吗？

生8：课文第12自然段，切尔维亚科夫把这事告诉妻子，妻子听说被打喷嚏的对象不是顶头上司，先是心宽，但后来还是要她丈夫去道歉。

师：那他妻子为什么要丈夫去道歉呢？

生8：书上说得明白，妻子担心将军会认为自己的丈夫"在大庭广众之下举动不得体！"

师：仅仅是这样吗？

生8：因为他妻子害怕将军会报复她的丈夫。由于妻子的劝说，更坚定了切尔维亚科夫要向将军进一步去道歉的想法。反复地道歉，惹得将军不耐烦，以致最后发怒，切尔维亚科夫在将军"滚出去"的叫骂声中怀着恐惧而死。

师：你的分析有些道理，切尔维亚科夫之死，他的妻子的确有部分责任。

生13（迫不及待地）：但我认为，导致切尔维亚科夫死亡的最大的责任人应该是布利兹扎洛夫将军。

师：为什么？

生13：切尔维亚科夫是被布利兹扎洛夫将军吓死的。面对切尔维亚科夫的多次道歉，将军的态度是越来越恶劣。

师：你说多次道歉，小公务员为了一个喷嚏向将军到底作了几次道歉？

生13：六次，三次在剧院，三次在将军的办公室。

师：打喷嚏应该是一件小事，切尔维亚科夫为什么要反复向将军道歉？

生13：在切尔维亚科夫眼里，达官贵人有着神圣不可侵犯的威严，他害怕高官们的残忍报复，怕恶化的人际关系给自己带来厄运。所以战战兢兢、小心翼翼地想挽救。

师：确实，作为社会底层的小公务员，他深知官场的黑暗，于是向将军反复道歉。面对切尔维亚科夫的道歉，将军的态度有何变化？

生13：将军的态度由冷漠又不关心到不耐烦到生气到大发雷霆。将军的每一次漠视，都会引起小文官的猜疑，增加小文官的心理压力，加速了小文官的死亡。可以说，切尔维亚科夫是被布利兹扎洛夫将军吓死的。

（学生们为生13的精彩发言热烈鼓掌）

师：你说得很有道理，那我们就把布利兹扎洛夫将军作为凶手抓起来吧。

生14：老师、探长，别忙别忙，我觉得主要责任人应该不是将军，而是切尔维亚科夫自己。

师：哈，看来你又有新发现，你把你的发现详细地说给大家听听。

生14：将军并非冷酷、暴戾、蛮横、倨傲的人，在最后他才发怒。切尔维亚科夫第一次道歉时，将军很大度地说，"没关系，没关系。……"切尔维亚科夫第二次道歉时，将军说"哎，您好好坐着，劳驾！让我听戏！"用"您""劳驾！"这些词，还是颇有礼貌的。就是到第三次道歉时，将军表示"我已经忘了"，还称切尔维亚科夫为"您"！为一件小事，纠缠三次，换谁，都会生气，但将军至此都没生气，只是到了后来，切尔维亚科夫反复纠缠，将军忍无可忍才生气的。因此，我觉得切尔维亚科夫之死，主要责任不在将军，而在他自己。

师：你的意思是切尔维亚科夫性格卑微、胆怯，不敢得罪上层人物，过分忧虑官僚的暗算与报复，从而产生恐官心理和奴性心理，导致他精神崩溃而死。

生14：是的，切尔维亚科夫应该是被他内心可鄙的奴性杀死的。

师：有深度。看来，切尔维亚科夫的死，主要责任人是他自己了。

生15（迫不及待）：老师，老师，我不同意他的看法。我觉得切尔维亚科夫是当时的沙皇专制制度杀死了他。

师：哦，你的看法又与众不同，你能进一步加以阐释吗？

生15：小说写于19世纪80年代。当时沙皇政府实行高压政策，警察和官僚飞扬跋扈。切尔维亚科夫的不安源于他得罪了大官，害怕被报复。从中可知当时社会黑暗与专制导致人民的恐惧和心理扭曲与压抑。正是这种环境造成了切尔维亚科夫的恐官心理、奴性心理。正是沙皇专制制度造成的恐官心理、奴性心理导致了切尔维亚科夫的死亡。

（教师为学生的精彩分析惊叹不已，听课师生报以热烈的掌声）

师：刚才通过同学们深入细致的分析，大体得出了导致切尔维亚科夫死亡的四个结论：（教师板书）

1. 被妻子害死的。
2. 被那将军吓死的。
3. 被可悲的奴性杀死的。
4. 被沙皇专制制度压死的。

师生一起探讨

（正当老师要作总结分析时，一学生站起来）

生16：老师，以上分析固然有道理，但没有抓住事情的根本。我觉得，被妻子害死的也好，被将军吓死的也好，被专制制度压死的也好，被内心可鄙的奴性杀死的也好，说到底，切尔维亚科夫之死，是死于一种制度，死于一种文化。没有这样的制度，没有这样的专制文化，他的妻子就不会劝说他再去道歉，将军也不会这样专横，切尔维亚科夫内心也不会这样恐惧，充满奴性。

师：说得真好，一种制度，一种文化，作为一种潜意识，往往会积淀在人们的心里，会化成每个人的一种文化细胞，往往会影响人们的一种行为方式。下面，我们假设一下，假如切尔维亚科夫生长在美国，是一个美国公民，他前面坐着的是美国总统奥巴马，切尔维亚科夫打了一个喷嚏后，双方会有什么反应？请同学们写一段对话。

（用假设法设置悬念，激发学生兴趣，学生兴致盎然，奋笔疾书，5分钟后，学生纷纷举手，要求读出自己设计的对话情境）

生17（声情并茂地读自己设计的对话）：

奥巴马：新买的西装，就这样给你喷了一身口水，真糟糕！

切尔维亚科夫：总统大人，我无能为力，这是自然的生理反应，你懂的——不受我控制。

奥巴马：看来我应该把你这个混蛋投入监狱。

切尔维亚科夫：总统大人，千万别，奴才给您下跪了！

奥巴马：哈！哈！哈！

学生踊跃回答问题

（学生一读完，全场大笑，有的学生说写得好，有的学生说写得不好）

师（指着一学生说）：你认为写得好不好？

生18：我认为写得不好。对话中，奥巴马像个皇帝，过于张狂，一个喷嚏，就要把人投入监狱，显得十分专制。切尔维亚科夫张口大人，闭口奴才，像中国封建社会宫廷里的一个太监，这不符合美国的文化精神。美国是一个崇尚自由、民主、平等的国家。

师：那你是怎么设计对话的呢？能把你的设计读出来吗？

生18：（以对话口吻朗读自己的作品）

切尔维亚科夫：总统先生，我把您的头发弄湿了！真对不起！

奥巴马：你用的是什么洗发水？

切尔维亚科夫：不，我刚才一不小心，朝您的头发打了一个喷嚏。

奥巴马：天哪，那我的头发会长得更快！

切尔维亚科夫：为什么？

奥巴马：这里面可有丰富的蛋白质啊！

（学生朗读得惟妙惟肖，听课师生笑得前仰后合）

师：这段对话，的确符合美国文化，奥巴马风趣幽默，切尔维亚科夫不卑不亢。文化，对人们有一种潜移默化的作用，它影响着人们的行为方式。假如切尔维亚科夫生长在美国，可能就会是另一种命运。所以说，切尔维亚科夫之死，是死于一种制度，死于一种文化。

师：总结（出示幻灯片）：

1. 被妻子害死的。

2. 被那将军吓死的。

3. 被可悲的奴性杀死的。

4. 被沙皇专制制度压死的。

5. 死于十九世纪沙俄专制文化。

二、再读课文

（采用词语复位法，从语言和文学的角度体悟作品中人物的感情和感情变化过程）

师：下面，我们再读课文，采用词语复位法从语言和文学的角度体悟作品中人物的感情和感情变化过程；小说中主人公切尔维亚科夫本是一个奴性十足的小人物，但我在阅读文本时，却惊讶地发现，作者在描写切尔维亚科夫的心理活动时，切尔维亚科夫说过一句"去他的"。原文中有这句话，我下发课文时，把这句话删除了，你们现在所看到的课文中，没有这句话了。现在，请同学们再读课文，仔细揣摩切尔维亚科夫的心理活动，我要同学们把"去他的"这句话放到原文中去，看放在哪个地方最合适？

（针对教师设置的悬念，学生再次仔细研读课文，纷纷试着把"去他的"放到原文中去，在复位的过程中体悟作品中人物的感情和感情变化过程，5分钟后，学生纷纷举手，要求说出自己复位的结果）

生19：我觉得"去他的"，应放在第2自然段。（接着学生读）"我把唾沫星子喷在他身上了！"切尔维亚科夫暗想。"他不是我的上司，是别处的长官，去他的，可是这仍然有点不合适。应当赔个罪才是。"

生20：我觉得他加得不对，应放在第2自然段，放在"如此"前面。切尔维亚科夫是一个奴性十足的人，不可能一开始就有这样一种蔑视上司的想法。这不符合切尔维亚科夫的性格。

师：那你觉得加在哪里好？

生20：我觉得放在第18自然段好。（学生读）"他话都不愿意说！"切尔维亚科夫暗想，脸色发白。"这是说，他生气了。去他的，……不行，这种事不能就这样丢开了事。……我要对他解释一下。……"

师：你为什么觉得放在这里好？

生20：因为这是第四次道歉，将军说他是"胡闹"，对他有些爱理不理，自然就会产生"去他的"这样一种反抗的心理。

生21：我觉得放在第18自然段，还是有些不妥。对于这样一个奴性十足的人，不得到将军一个所谓"合情合理"的回答，是不会放弃道歉的，而且，在这里，"去他的"表面看来有些不在乎的感觉，其实正是切尔维亚科夫十分在意将军态度的体现。"去他的"应该放在第23自然段。（学生读）"这怎么会是开玩笑呢"切尔维亚科夫暗悲。"根本连一点开玩笑的意思也没有啊！他是将军，可是竟然不懂！即是这样，我也不想再给这个摆架子的人赔罪了！去他的！我给他写封信就是，反正我不想来了！"（学生接着说）老师，放在这里，既符合"既是这样""不想再给""我不想来了"等前后语言环境，又符合切尔维亚科夫的心理活动过程。

师：我认为你说的有道理。"去他的"这句话，是切尔维亚科夫的心理活动，对于切尔维亚科夫的心理活动，小说中有明显的暗示性句子，那就是第2、11、18、23自然段中的"切尔维亚科夫暗想"。从单独的语境来看，以上四段都可以放上去。这"去他的"可以放在这四段之中的暗示性句子处。（教师出示幻灯片）：

① "我把唾沫星子喷在他身上了！"切尔维亚科夫暗想。"去他的，他不是我的上司，是别处的长官，可是这仍然有点不合适。应当赔个罪才是。"

⑪ "他忘了，可是他眼睛里有一道凶光啊，"切尔维亚科夫暗想，怀疑地瞅着将军。"去他的，他连话都不想说。应当对他解释一下，说我完全是无意的……说这是自然的规律，要不然他就会认为我是有意啐他了。现在他不这么想，可是过后他会这么想的！"

⑱ "他话都不愿意说！"切尔维亚科夫暗想，脸色发白。"这是说，他生气了。……去他的，不行，这种事不能就这样丢开了事。……我要对他解释一下。……"

㉓ "这怎么会是开玩笑呢？"切尔维亚科夫暗想。"根本连一点开玩笑的意思也没有啊！他是将军，可是竟然不懂！既是这样，我也不想再给这个摆架子的人赔罪了！去他的，我给他写封信就是，反正我不想来了！真的，我不想来了！"

师（指着幻灯片）：但我们结合切尔维亚科夫的性格及心理活动轨迹，则的确是放在第23自然段最合适。经过多次努力，没有结果，"去他的"体现了小人物的伤心与绝望，同时，"去他的"表明，切尔维亚科夫是多么在乎将军的态度啊！

（再出示加了"去他的"的第23自然段幻灯片，让学生齐读，并特别强化"去他的"，连续读四次）

生（齐读）："这怎么会是开玩笑呢？"切尔维亚科夫暗想。"根本连一点开玩笑的意思也没有啊！他是将军，可是竟然不懂！既是这样，我也不想再给这个摆架子的人赔罪了！去他的！去他的！去他的！去他的！我给他写封信就是，反正我不想来了！真的，我不想来了！"

师（出示幻灯片）：

1. 初读课文，采用主问题设计法，从文化的角度探索小说中人物切尔维亚科夫的死亡原因，解读人性及沙皇专制文化与人物命运走向的关系。

2. 再读课文，采用词语复位法，从语言和文学的角度体悟作品中人物的感情和感情变化过程。

师（指着幻灯片小结）：这节课，我们采用主问题设计法和词语复位法，从语言、文学、文化三个维度，终于弄清了小说中的人物形象及形象意义，探究了契诃夫塑造人物形象的高超艺术。同学们，由此可以看出，契诃夫的小说具有永恒的魅力。

这种永恒的魅力，在《一个文官的死》中，就是揭示了一种人性，一种文化，像切尔维亚科夫这样的人，在我们今天这样的时代，依然存在。契诃夫带有一种讽刺的笔调，他告诉我们，在人与人交往中，既不要过分自卑，也不能过于自傲，而应该是自尊自信，我们要培养世界公民，我们要以尊重的教育培养受尊重的人。

今天这节课就讲到这里，谢谢同学们！

《记念刘和珍君》教学实录

上课时间：2015年12月7日

上课地点：深圳市第二高级中学

上课班级：高一（18）班

听课教师：来自甘肃的130多名骨干教师

师：上课！

生：老师好！

师：同学们好！请坐。

这节课我们开始学习《记念刘和珍君》。对于这篇课文，我打算从四个维度来立体感受：

第一个维度，从文学角度，感悟作品人物形象之美；

第二个维度，从文化角度，探究作品女性观点之新；

第三个维度，从文章角度，赏析作品思路结构之巧；

第四个维度，从语言角度，品味作品遣词造句之妙。

其中，第一、二个维度是要弄清楚这篇文章到底写了什么。第三、四个维度是弄明白这篇文章是怎么写的。这节课，我们讲第一、二个维度。先从第一个维度讲起。（教师出示幻灯片）

一、从文学角度，感悟作品人物形象之美

上课之前，大家已经预习了这篇课文。同学们已大体知道刘和珍是一个怎样的人了。刘和珍牺牲以后，中国近现代女作家、革命活动家，"民国四

大才女"之一，刘和珍的同学石评梅也写过一篇纪念文章，标题叫"痛哭和珍"。请问，鲁迅先生的这篇文章《记念刘和珍君》与石评梅的文章《痛哭和珍》的标题给我们什么不同的感觉？

（采用对照法设置悬念，引发学生思考）

生1：《痛哭和珍》，"痛哭"一词，感性色彩更浓，《记念刘和珍君》"记念"一词，理性成分更多。

生2：对写作对象的称呼不同。和珍，显得更亲切更随意，刘和珍君，显得更庄重。

师：同学们分析得很有道理。那么，同学们，你们说，鲁迅先生和刘和珍是什么关系啊？

生（齐）：师生关系。

师：师生关系是吧！鲁迅是刘和珍的老师，刘和珍是鲁迅的学生，为什么鲁迅先生在写这篇文章的时候，在刘和珍后面加一个"君"字？

生3：表示尊敬、尊重刘和珍。（同学们在下面各自发言说出自己的见解）

师：君，《说文解字》里面是这样解释的：君者，尊也。表示对人的尊敬。既然刘和珍是鲁迅先生的学生，鲁迅先生完全可以直呼其名，可以将标题写成"纪念和珍"或"纪念刘和珍"，为什么要写成"记念刘和珍君"，同学们能从课文中找出理由吗？

生4：在四十余被害的青年之中，刘和珍君是我的学生。学生云者，我向来这样想，这样说，现在却觉得有些踌躇了，我应该对她奉献我的悲哀与尊敬。她不是"苟活到现在的我"的学生，是为了中国而死的中国的青年。

师：是不是这一段？

生：对。

师：是这一段。那么我们现在看"在四十余被害的青年之中，刘和珍君是我的学生。学生云者，我向来这样想"，"向来"是什么意思？

生4：一直以来。

师：对，向来，就是一贯以来，一直以来"我"都在想刘和珍君是"我"的学生，她就是"我"的学生，现在却觉得有些"踌躇"了，"踌躇"是什么意思？

生4：犹豫不决。

师：对了，犹豫不决。那为什么犹豫不决？

生5：她不是"苟活到现在的我"。

师：对了，因为她不是"苟活到现在的我"的学生，谁苟活？

生5："我"苟活。

师：鲁迅先生自认为苟活，对不对？

生：对。

师："苟活"是什么意思？

生5：苟且偷生。

师：对了，苟且偷生，当然是因为鲁迅先生比较谦虚，鲁迅先生并不苟活，是吧？

生：是。

师：但是他认为在刘和珍君面前有点"苟活"了。"是为了中国而死的中国青年"，同学们，鲁讯先生说刘和珍"是为了中国而死"，刘和珍是为了一件什么事情而死？谁知道？

生6：请愿，"三一八"惨案等。（同学们各自发表自己的意见）

师：谁能把那件事情说一说，看能不能说得详细一点，"为中国而死"那件事情。

生7：请愿。

师：能说得详细一点吗？

生7：反对帝国主义。

师：好，你读一下。

生7：注释第一个，第27页。

师：读一下。

生7：3月18日，北京人民为了反对帝国主义侵犯我国主权，在天安门前集会抗议，会后到执政府前请愿，段祺瑞竟命令卫兵向请愿群众开枪，并用大刀铁棍追打砍杀，打死打伤学生200余人。

师：还有呢？

生7：刘和珍就是在那时遇害的。

师：遇害时多大？

生7：22岁。

师：就是这个事啊，所以说，刘和珍是为了中国而死的中国的青年，鲁迅先生对她表示尊敬，就是说鲁迅先生有些踌躇，具体地阐述了为什么踌躇，在标题那里加字，在最后加了一个"君"字。

师（教师出示幻灯片）：我们把这段话读一下啊，由一位同学领读，遇到画线的文字全体同学读，要读得气壮山河。

（师）在四十余被害的青年之中，刘和珍君是我的学生。学生云者，我向来这样想，这样说，现在却觉得有些踌躇了，我应该对她奉献我的悲哀与尊敬。她不是"苟活到现在的我"的学生，是为了中国而死的中国的青年。

（生齐读）是为了中国而死的中国的青年。

是为了中国而死的中国的青年。

是为了中国而死的中国的青年。

（教师情绪饱满，声音高涨；学生齐读，声音一次比一次大）

师：好。那么，被鲁迅先生所尊敬的刘和珍到底是一个怎样的人呢？在我们眼中，刘和珍是一个什么样的人，同学们相互讨论一下，请同学们认真阅读课文，画出与刘和珍相关的语句，看你看到了一个什么样的刘和珍，在刘和珍前面加定语"什么样的刘和珍"。然后说出理由，前后左右讨论一下，到底是一个怎样的刘和珍。

（可以听到同学们讨论的诸如"善良的""勇敢的"等各种讨论的声音）

师：尽量将刘和珍君的形象丰满起来，同学们相互讨论一下。看看哪一个组把刘和珍的形象立体地呈现在大家面前，先说就有话说啊。

生8：有两个，一个是懂得感恩的刘和珍。

师：懂得感恩的刘和珍。从哪里看出来的？

生8：第7自然段。

师：那你读一下，哪个地方表达了感恩？

生8："待到学校恢复旧观，往日的教职员以为责任已尽，准备陆续引退的时候，我才见她虑及母校前途，黯然至于泣下。"

因为她之前是强迫走出学校的，正常情况下，应该是很恨学校的，但她顾及母校前途，黯然至于泣下。

师：嗯，应该有感恩的成份。考虑到母校的前途，"黯然至于泣下"是什么意思？

生8：就是想哭，忧伤。

师：非常忧伤，忧伤得想哭，"虑及母校前途"是因，"黯然至于泣下"是果，这里除了可以看到刘和珍的懂得感恩，还可以看到刘和珍的什么特点呢？

生8：有责任感。（大声）

师：对，这个是对的，虑及母校前途，黯然至于泣下，有责任感的刘和珍。你还有什么补充吗？

生8：好学的刘和珍。

师：从哪里看出来好学？

生8：第一大段，第2自然段。

师：读给大家听听。

生8："凡我所编辑的期刊，大概是因为往往有始无终之故罢，销行一向就甚为寥落，然而在这样的生活艰难中，毅然预定了《莽原》全年的就有她。"

师：好。我问你啊，"凡我所编辑的期刊，大概是因为往往有始无终之故罢"，有开头没结果，说明鲁迅办的刊物质量低下，是不是这样？没人买？

生8：只能说太忙了。

师：是太忙了有始无终吗？是这样吗？

生：不是。

师：那鲁迅先生办的刊物为什么有始无终？

生：没人买，没钱啊。（同学们发表自己的意见）

师：没钱太表面化了。

生9：闹革命啊，怕被抓起来。（同学们继续发表自己的意见）

师：对了，迫于社会的压力。当时可没有言论自由，鲁迅办的刊物被封杀了，才可能有始无终吧！

师：《莽原》是个什么刊物？

生：进步的文艺刊物。

师：鲁迅先生办的文艺刊物，这个刊物，"毅然预定了《莽原》全年的就有她"，请问"毅然"是什么意思？

生10：很果断。

师：把这个"毅然"去掉好不好？

生10：不可以。

师：加个"毅然"有什么好？

生10：表现刘和珍坚决的、毫不犹豫的态度。

师：说明刘和珍这个人怎么样？

生8：很好学。

生11：追求进步的刘和珍。

师：有叛逆思想，追求进步，所以毅然预定《莽原》，这是一个好学的追求进步的刘和珍。好，以上我们通过师生互动，发现刘和珍是一个懂得感恩、有责任感、好学的追求进步的青年。我们还可以继续探讨刘和珍的形象。谁还来说说？

生12：温和、和蔼的刘和珍。

师：有依据吗？

生12：第7自然段。

师：读出来。

（生12读第7自然段中"但她却常常微笑着，态度很温和"以及"见面的回数就较多了，也还是始终微笑着，态度很温和"等相关文字。）

师：我给大家提一个问题，鲁迅先生为什么反复强调刘和珍始终微笑着？他这样写的目的是什么？讨论一下。

（同学之间相互讨论）

师：有结果了吗？

生13：反复说她善良，就是说她像这种比较善良温和的女学生，为了国家的尊严和主权，毅然义无反顾很坚定地去请愿，虽然是温和的性格，面对国家却没有丝毫温和。

师：面对国家没有丝毫温和，能这样说吗？（学生发出笑声，课堂气氛活跃）

生13：国家利益受到侵害的时候，体现态度很坚定。

师：面对国家危难她却不温和了，她挺身而出体现她坚定的一面。是不是？假如给她立一尊雕像的话，她最经典的表情是什么样子？

生13：微笑。

师：为什么强调微笑？你还没有很好地回答这个问题。

生13：这么温和的女学生，政府的军队却镇压她们，对待她们很残暴。

师：这么温和的女学生却镇压她，说明反动派的残暴，这么美的事物却被毁灭，而且她们被枪杀的过程鲁迅先生写得非常详细，连中几颗子弹都写到了，极力体现反动派的残暴。还有吗？

生13：没有啦。

师：好。刘和珍的形象起来越丰满了。是追求进步的刘和珍，懂得感恩的刘和珍，态度温和的刘和珍，还有一个是有责任感的刘和珍，看看除了这几个方面，还有没有新的因素？我们要善于发现。

生14：嫉恶如仇的刘和珍。

师：从哪里看出来的？

生14：反抗广有羽翼的校长。

师：反抗广有羽翼的校长，那你解释一下"广有羽翼"。

生14：有人脉，别人不太得罪得起。

师："人脉"这个词是不是不太妥当？

生14：有帮凶的校长。

师：面对有帮凶的校长，说明刘和珍的嫉恶如仇，富有反抗精神。

生15：还有爱国。

师：从哪里看出来的？

生15：为中国而死的中国青年。

师：为中国而死的中国青年是鲁迅对她的评价，文章中有没有这样具体的细节体现她爱国的？

生15：第14段。"我没有亲见；听说她，刘和珍君，那时是欣然前往的。自然，请愿而已，稍有人心者，谁也不会料到有这样的罗网。"

师：这个地方哪个词最能体现她爱国？

生15："欣然前往"。

师："欣然前往"，不是被迫的吧？

生15：嗯。

师：国家有难，她主动请愿挺身而出。一个爱国的刘和珍。同学们，我们通过师生互动基本上把握了刘和珍的形象。请同学们把幻灯片上的内容齐读一遍。（幻灯片显示总结形象，学生齐读）

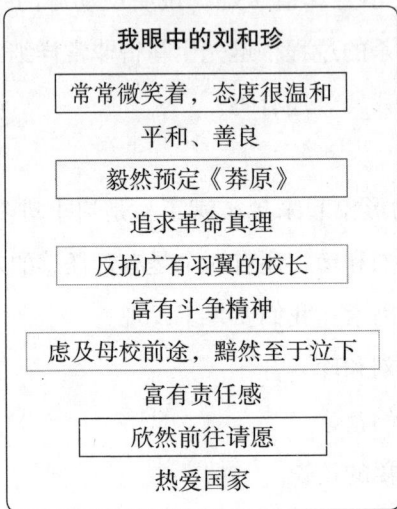

我眼中的刘和珍

常常微笑着，态度很温和

平和、善良

毅然预定《莽原》

追求革命真理

反抗广有羽翼的校长

富有斗争精神

虑及母校前途，黯然至于泣下

富有责任感

欣然前往请愿

热爱国家

师：这是一篇传统的经典课文，经典到我的老师读高中的时候，学到了这篇课文；我读高中的时候，我是1979年读高中，也学到了这篇课文；我参加工作以后，教到了这篇课文；参加工作30年了，你们现在，也学到了这篇课文。那时，我们十分喜欢这篇课文，有许多经典句子，我们都能背得出来。我曾经听过湖北一个名叫范莉老师的一节《记念刘和珍君》的公开课，在这节课中，范老师把文中的经典句子凝聚起来，当成诗歌来读，令听课师生为之动容。下面，我把范老师凝聚的诗句带领大家读一读。（幻灯片显示诗歌如下）

> 记念刘和珍君
>
> 刘和珍君，
>
> 始终微笑着的和蔼的刘和珍君，
>
> 为了中国而死的
>
> 中国青年！

的确是

死掉了！

中外的杀人者却居然昂起头来

不知道个个脸上

有着血污……

在生活艰难中

毅然预定《莽原》全年的

刘和珍君

反抗一广有羽翼的校长的

刘和珍君

虑及母校前途

黯然至于泣下的

刘和珍君

欣然前往请愿的

刘和珍君

始终微笑着的和蔼的

刘和珍君

的确是死掉了

但真的猛士——

真的猛士——

将更愤然而前行！

始终微笑的和蔼的

刘和珍君

始终微笑的……

师：刘和珍君，始终微笑着的和蔼的刘和珍君，为了中国而死的，中国青年！的确是，死掉了。

师：你们也这样读啊！开始！（老师富有感情地领读）

生：（同学们带着丰富的感情在朗读）

师：以上，我们从文学角度感悟了作品人物形象之美。下面，我们从文化角度，探究作品女性观点之新。

何泗忠讲课充满语文味，深度提问，引发学生思考

二、从文化维度，探究作品女性观点之新

师：从女性角度看这篇文章，我觉得这是鲁迅笔下的《红楼梦》。在中国传统文化中，女性往往是被歧视、被侮辱的对象，女性往往是男人的陪衬。如四大名著中，《三国演义》是写智慧男人的书，主要写曹操、刘备、孙权、诸葛亮、周瑜等男人的用计和钩心斗角。这里面基本没有女人，写貂蝉，也只是实施美人计的工具。《水浒传》是写豪气男人的书，写宋江、鲁智深、武松、李逵这些男人如何大碗喝酒、大块吃肉，如何路见不平拔刀相助，这里面，基本没有女人，写潘金莲，也是把她妖魔化，把她写成一个杀夫的荡妇。《西游记》是写神气男人的书，写孙悟空、猪八戒、沙和尚的神通广大、法力无边，这里面，出现过女人，但基本上全是妖魔鬼怪，其目的是为了衬托孙悟空们的神通广大。只有《红楼梦》是一部写美丽女人的书，《红楼梦》还有一个名字，叫《金陵十二钗》，钗是什么？

生：女人的金钗。

师：这里是借代，金陵，就是南京，十二钗，就是十二个女子。意思是，《红楼梦》是写金陵十二个女子的故事。哪十二个女子呢？林黛玉、薛宝钗、贾元春、贾探春、史湘云、妙玉、贾迎春、贾惜春、王熙凤、贾巧、李纨、秦可卿。

（在教师说以上话语的时候，同学们也随着老师的声音小声地在发表见

解，附和教师的观点）

师：《红楼梦》高举女性的旗帜，把女性作为全书的主人公，男人只是女人的陪衬。书中贾宝玉有一句名言，"凡山川日月之精秀之钟情于女儿，须眉男子只是一些渣滓浊末而已"。（生听到渣滓浊末时发出笑声）这十二个女人，个个美丽动人，个个才华横溢，然而，这十二个女人，个个都以悲剧结局，千红一哭，万艳同悲。《红楼梦》是一部典型的悲剧。（幻灯片如下所示）

《三国演义》是写智慧男人的书

《水浒传》是写豪气男人的书

《西游记》是写神气男人的书

《红楼梦》是写美丽女人的书

师：鲁迅先生说，悲剧是将人生最有价值的东西毁灭给人看。鲁迅先生的《记念刘和珍君》，何尝不是他笔下的一部《红楼梦》呢？在这篇文章中，鲁迅高举女性的旗帜，对中国女性进行了热情的讴歌。请同学们在文章中找出鲁迅先生热情讴歌女性的句子，看看在哪里？

生16：第20段。

师：那你读一下。

生16：我目睹中国女子的办事，是始于去年的，虽然是少数，但看那干练坚决，百折不回的气概，曾经屡次为之感叹。至于这一回在弹雨中互相救助，虽殒身不恤的事实，则更足为中国女子的勇毅，虽遭阴谋秘计，压抑至数千年，而终于没有消亡的明证了。

师：找对了没有？

生：找对了。

师：嗯。"中国女子的勇毅，虽遭阴谋秘计，压抑至数千年"，你能说说旧中国有哪些对女子的压抑？

生16：缠足、裹小脚。

师：对了，裹小脚，缠足，对女子形体的压抑。那刘和珍裹了没有？

生16：没有。

师：文章中哪里有表现她没有裹脚？我看了课文中一个词就断定刘和珍

没有裹脚。

（班级里很安静，同学们开始在书中快速地找，过了一会儿，有学生举手）

师：好，你说说看，是哪个词？

生17：当三个女子从容地转辗于文明人所发明的枪弹的攒射中的时候，这是怎样的一个惊心动魄的伟大呵！

师：哪个词？

生17：转辗。

师：转辗，从容地转辗，这个词是不是就可以看出来啊？

生17：嗯。

师：裹脚就是三寸金莲，是对形体的压抑，走路都走不稳，要是裹了脚还可以从容？还可以转辗吗？肯定不可以，这也是讴歌赞美女性的句子。

师：那我问一下"攒射"是什么意思？

生17：枪林弹雨。

师：嗯，对的。攒是什么意思？

生17：集中。

师：对了，集中射击，说明段政府的残暴，也说明刘和珍君的勇敢，是对她的赞美。"当三个女子从容地转辗于文明人所发明的枪弹的攒射中的时候"，"文明人"怎么理解？

生17：讽刺。

师：用了什么手法？

生17：反语。

师：那你把本意说出来。

生17：野蛮人。

师：嗯。这个句子，既是对反动派残暴的谴责，更是对女性讴歌赞美吧，文中还有讴歌女性的句子吗？

生18：第19自然段。

师：那你读一下。

生18：但这回却很有几点出乎我的意外。一是当局者竟会这样地凶残，一是流言家竟至如此之下劣，一是中国的女性临难竟能如是之从容。

师："竟能如是之从容"，"如是"是什么意思？

生18：如此。

师：对了。如此之从容，从容地转辗于，她们不是躲在闺房中只知道绣花的小脚女人，而是关心国事，敢于斗争的女人。还有没有对女性的赞美？

生19：真的猛士。

师：同学们，士，在中国传统文化中一般指什么人？

生：男人。

师：有道理。"士为知己者死，女为悦己者容。"但是在这里鲁迅先生将刘和珍她们称为"猛士"。

赞美这些女性。"真的猛士，敢于直面惨淡的人生，敢于正视淋漓的鲜血。"同学们，可不可以将"直面"换成"面对"，将"正视"换成"目睹"？

生：不可以。

师：为什么？

生20：没有那种强烈感。

师：直面和正视是什么意思？

生20：很勇敢。

师：对了，正面注视，绝不回避，体现其勇敢。从以上这些赞颂讴歌的语句中可以看出，鲁迅有一种新的女性观。刘和珍她们犹如陶渊明笔下的刑天，"精卫衔微木，将以填沧海。刑天舞干戚，猛志固常在。"由此看来，鲁迅笔下的女子是新的女子，请同学们把下面的文字读一下。

（幻灯片出示以下文字，学生齐读）

生（齐）：在中国传统文化中，对女性的要求是温柔敦厚，然而，课文中的女性却是既有温柔的一面，也有刚毅的一面。始终微笑着，态度很温和，温柔美丽得像一朵花；桀骜不驯，敢于反抗广有羽翼的校长，敢于直面惨淡的人生，刚毅坚决得像刑天、像猛士。在中国传统文化中，女子无才便是德，然而，本文中作者笔下的女子，却有知识有文化，追求真理。在中国传统文化中，要求女子三从四德，未嫁从父、既嫁从夫、夫死从子，女子只是躲在闺房中只知道绣花的见识短浅的人，然而，本文中作者笔下的女子，却是欣然前往请愿，关心国事。

师：这样的新女性，最终也都毁灭。她们完全可以苟且偷生，她们为什么却去面对惨淡的人生，却去正视淋漓的鲜血，因为她们有责任感，有使命感，因为她们不甘在沉默中灭亡，因为她们对这片土地爱得深沉。（幻灯片出示艾青的《假如我是一只鸟》）

假如我是一只鸟，

我也应该用嘶哑的喉咙歌唱：

这被暴风雨所打击着的土地，

这永远汹涌着我们的悲愤的河流，

这无止息地吹刮着的激怒的风，

和那来自林间的无比温柔的黎明……

——然后我死了，

连羽毛也腐烂在土地里面。

为什么我的眼里常含泪水？

因为我对这土地爱得深沉……

师：亲爱的同学们呀，这嘶哑的，这用嘶哑的喉咙歌唱的鸟，是艾青，是鲁迅，也是刘和珍，但是，它更应该是我，是我们，是所有对这土地爱得深沉的人们呀！如今，我们的祖国已巍然屹立于世界民族之林。刘和珍那样的时代已一去不复返了。然而，在实现中华民族伟大复兴的中国梦的征途中，我们依然需要像刘和珍那样的热血青年，勇敢、坚毅、爱国、不断追求进步。刘和珍永远活在我们的心中。同学们，我们的课讲到这里。

《宝玉挨打》教学实录

上课时间：2013年5月25日上午

上课地点：深圳市第二高级中学

上课班级：高一（19）班

听课教师：恰值深圳市第二高级中学教学开放日，来自校内外的老师、学生家长共约150人

师：上课！

生：老师好！

师：同学们好！请坐。

师：有一部书被称作中国古今第一奇书，中国封建社会的百科全书，毛泽东称它为中国的第五大发明，你们知道这是一部什么书吗？

生：《红楼梦》。

师：对了，《红楼梦》（老师拿起《红楼梦》这本书），读了《红楼梦》，大家知道它除了叫《红楼梦》，还知道这本书叫什么？

生：《石头记》。

师：哎，对了，《石头记》。为什么叫《石头记》呢？

生1：因为贾宝玉出生的时候嘴里含着一块石头。

师：是的。这块石头是女娲补天的时候，一块不用的最后遗落在青梗峰下的石头，经过风雨的洗礼，最后变为一块通灵的宝玉。但是，这块宝玉它是无才补天的，没有多大的用处，不是真正的玉，而是假宝玉。

（学生听到这里发出笑声）

师：这个就叫《石头记》，除了叫《石头记》以外，还有其他的叫法，有谁知道吗？

生2：一个男人和两个女人。（生笑）

师：你这个说法挺有意思？为什么叫这样的名字呢？

生2：因为《红楼梦》是写贾宝玉这个男人和林黛玉、薛宝钗两个女人的三角恋爱。（师生大笑）

师：《红楼梦》中确实有这个内容，而且是小说中的一个最重要的内容。但没有这个书名，这是你的发明创造。那么《红楼梦》还叫什么呢？

生3：《情僧录》。

师：对了，又叫《情僧录》，（幻灯片出现《情僧录》三个字）因为贾宝玉最后出家了，但他是一个多情的和尚，所以叫《情僧录》。（指着幻灯片问大家）除了这三种叫法，还有？知不知道？

生（全）：不知道。

师：那我告诉大家，是《金陵十二钗》，"钗"是什么意思？

生4：钗是美玉。

师：钗是古代女子头上戴的金钗吧！所以这里借指女子，《红楼梦》高举女性的旗帜，你看我们这里的主角是女性啊！

生：（笑）

师：主要写了金陵的十二个女子，所以叫《金陵十二钗》。还有叫什么的？

师：（幻灯片出示《风月宝鉴》）在《红楼梦》里的确出现了风月宝镜，那个镜子，它是要照反的，如果照正的，那就是死路一条，这里面除了风月宝镜的意思外，还有其他的，曹雪芹说《红楼梦》啊，我不涉及其他的，我只写风月，所以叫《风月宝鉴》，还有叫它什么？

生：又叫？

师：《金玉缘》，为什么叫它《金玉缘》呢？

生5：玉，是贾宝玉。

师：不错，贾宝玉，还有，金是谁？

生5：宝钗。

师：宝钗项圈上系有一把金锁吧！所以这个叫《金玉缘》。《红楼梦》

有那么多的叫法，而且，同学们啊，《红楼梦》是封建社会的百科全书，不同的人，从事不同职业的人，都能够从中看到自己想看的东西，比如说：文人，喜欢诗，那里面有很多诗社写诗的；还有厨师，里面有美食；有建筑，里面有园林，《红楼梦》里有一个著名的园林，它是什么？

生：大观园。

师：大观园，是吧。此外还有，戏曲、茶艺、酒文化，那么我是从事教育的，我从教育的视野，我读到《红楼梦》，它里面有一个家庭教育的东西，早在——

生：上个世纪。

师：不是上个世纪，是在这个世纪的2009年，我从教育视野研究《红楼梦》，于是写出了《论〈红楼梦〉里的家庭教育悲剧及其对当今家庭的警示作用》的论文，洋洋一万言。

生：哇！（全体鼓掌）

师：今天我们就讲《红楼梦》里面的一个有关家庭教育章节，就是《宝玉挨打》，（幻灯片出示宝玉挨打的图片）那你看"宝玉挨打"，这四个字重点会写哪个字？

生：打。

师：但我仔细看了一下，这个章节啊，写得挺长，写了6页，但是真正写打的不多，"打"这个字第一次出现是在哪里？

（这里学生说出自己认为的段落，有说第2段第四行的，也有说其他的）

师：好，你说一下，在哪里？

生6：第4段，第46页。

师：第4自然段。

生6：对。

师：哪个地方？

生6：46页从下面数第七行。

师：46页倒数第七行，那你把这句话读给大家听一下。

生6：拿宝玉！拿大棍！拿索子捆上！把各门关上！有人传信往里头去，立刻打死！

师：他读出这个味道了没有？

生（全）：没有。

师：嗯。"打"字的的确确是在这里第一次出现，是贾政宣布"打"的。那么这一句话啊，刚才读了，这句话，我改了一下，看这样改行不行？（幻灯片出示画线的改过后的文字）

原著：拿宝玉！拿大棍！拿索子捆上！把各门关上！有人传信往里头去，立刻打死！

改文：把宝玉拿来，把大棍拿来，把索子拿来，把门关上。有人传信往里头去，立刻打死。

师：谁来说说，看看与原文比较，区别在哪里，是我改得好，还是原文好？

生（全）：原文（笑）。

师：你刚才说老师的好。这个要按自己的意思说啊！老师改的好在哪里？

生7：你看老师写的，多么生动，让人立刻出现在眼前，把宝玉拿来，把大棍拿来，把索子拿来，把门关上，有一种在眼前的感觉。你看，拿宝玉！拿大棍！拿索子捆上！多没意思，这种单纯的语言没有显现出现场、临场感。

师：我的话更有临场感？

生8：没有，抗议！

师：你抗议？（老师走过去将话筒递给同学）

生8：他都快要打了，为了防止他报信，当然要说得短一点，他的语气很急促，就会短一点。

师：就是说，你发现了一点区别，原文的句式短一点，我的话句式长一点，话的长与短，在这个地方表达效果怎么样？

生8：他的语气很急促，就会显得很愤怒。而且，还有一种防止宝玉的小厮或者他身边的人，去给贾母和王夫人等人报信。还有，就是门那里，如果只是"把门关上"的话，就可能是只一扇门，也可能是几扇门。

师：原文中它这里是各门关上，我是把门关上。

生8：如果只有一扇门关上的话，宝玉的哀叫声可能会传出去，（生笑）所以贾政为了以防万一，肯定就会把各门都关上，显出贾政要狠狠教训他的决心。

师：说得好不好？

生（全）：好！

师：她主要看到我与原文相比，原文的句子短一些，"拿宝玉！拿大棍！"（这里读起来声音急促）是不是？你在愤怒的时候还会说"把宝玉拿来，把大棍拿来"，（在读这句话的时候声音语气变缓）是不是？太长了吧。好，这种愤怒的感情，所以曹雪芹不愧为语言大师啊！

师：下面请同学们带着愤怒的感情，把原文中的这句话齐读一遍。

师：拿宝玉！预备——读。（语气愤怒领读）

生（齐）：拿宝玉！拿大棍！拿索子捆上！把各门关上！有人传信往里头去，立刻打死！（学生语气加重，用一种愤怒的感情读）

师：立刻打死！这里读得好！但这里还是宣布打，还没动手打，同学们看看哪里是真正写动手打的文字。

生8：第6自然段。

师：还有？

生9：第7自然段。

师：是的。这两段确实是写贾政正式开打贾宝玉的文字。下面，我们研读这两个自然段，看贾政打了宝玉几次。（教师出示幻灯片）

一、研读课文6-7自然段，统计贾政打了宝玉几次

（教师在课堂上走动观察，同学们在课本中认真寻找答案，拿笔标记）

师：好，统计完以后，同座位的同学交流一下，到底打了几次，这是第一个。然后把每次打的情况，用一句很概括性的话总结，第一次打是怎么样打，第二次打是怎么样打，很概括性的话啊，相互讨论，一会儿找同学说。

（同学们开始互相讨论，有的是同桌商量，有的是前后桌一起商量）

师：好，大家商量好了吧？哪个同学来说一下，举手。

生10：第一次在第6段。

师：第一次在第6段，请你简明扼要概括一下这次打，好不好？

生10：咬着牙狠命的盖了三四十下。

师：咬着牙狠命的盖了三四十下，这是第一次？

生10：对，第7段是第二次，王夫人进来了就火上浇油般又快又狠的打。

师：又快又狠的打。

生10：嗯，就两次。

师：好，坐下，她认为是打了两次，有不同意见吗？哪个？

生11：我觉得，第6段的"三四十下"和第7段的"又狠又快"总共是一次，因为它中间就没有停过。

师：中间没有停过？

生11：对。

师：那意味着他打了几次？

生11：一次，就那一次一直在打。（全班发出笑声）

师：一直在打呀？

生11：文章中没有说他停下来，然后开始第二次。

师：文章中有没有停下来的地方？

生12：有，他妻子来了怎么可能不停下来。

师：文章中有没有中间显示出有阶段性的词？看大家找到了没有？她说打了两次，她说只打了一次，到底中间有没有停顿性的？你的观点是一直在打？

生11：一直在打。

师：一直在打，打个不停？

生11：对。

师：好，有打一次说，有打两次说，还有没有不同的观点？有没有？想想看啊。

生12：打他，想要把他弄死，

师：想要把他弄死，那付出行动了没有？

生13：贾政要付出行动的时候，贾母、王夫人就抱着他哭，就制止他了。

师：这个也算打？

生14：这个不算打，没打成功。

师：大家的意见，有的说一次有的说两次，大家还有没有不同意见，有没有？没有啦。那我问大家一个问题啊，第6自然段里面，小厮们不敢违告，只能把宝玉按在凳上，举起大板打了十来下，那这个算不算贾政打？

生：不算。

师：那我问大家，小厮平时敢不敢打宝玉？

生：不敢。

师：那这次敢打宝玉？

生15：是贾政的命令

师：那贾政的命令，到底算不算贾政打的。

生：不算。

师：那就是要亲自下手。

生：算。

师：你要这样想，平时小厮谁敢打宝玉，这次敢打应该是贾政的指示吧。因为是他儿子，他不想亲自下手，后面才下手的吧，所以这个里面有没有阶段性的？有吧。你看，她觉得是两次，那么加上贾政指示的，应该是三次打吧。我们用一个简略的句子概括，五个字看能不能做到。

生16：小厮打宝玉。

师：小厮打宝玉，概括得很好，但贾政没有体现进去啊，这里要体现那种指示，最后还要把打的责任放到贾政身上。

生10：贾政命小厮打宝玉。

师：贾政命小厮打宝玉？

师：八个字，我用五个字就可以概括。大家想一想。

生17：政令厮打玉。

师：政令厮打玉，这个就太简略化了，我们都听不懂。你看啊，原文中的话，喝令小厮打。（幻灯片显示"喝令小厮打"）谁喝令，肯定是贾政了。

研读课文6-7自然段，统计贾政打了宝玉几次。

1. 喝令小厮打。

2. 咬牙狠命盖。

3. 索绳要勒死。

师：咬牙狠命盖，是吧。索绳要勒死。（指幻灯片问大家）这个是什么字。

生：勒（lēi）。

师：勒死。

好，以上我们通过师生互动，知道了贾政打了宝玉几次。下面，我们再次研读课文，看贾政是怎样打贾宝玉的。

二、再次研读课文6—7自然段，找出贾政打宝玉时的动作、表情

（同学们看书的同时，老师在班里走动，看同学们的研读情况）

师：看到同学们研读很仔细哦，内容找得比我还全面啊！

（老师走到讲台上，在白板上写下动作、表情两个分类）

师：请一个同学上台来写表情、动作方面的词，其他同学相互对照交流一下。

师：看有没有补充的，上来补充一下。（一个同学上来补充）

动　作	表　情
踢开　夺　盖	咬着牙狠命　冷笑
狠　快	泪如雨下
	泪珠更似滚瓜一般滚了下来

师：好，她又补充了一些。我们现在一起来看看，贾政一脚踢开掌板，这个字，（教师站在白板前，圈住同学写的"踢"这个字，改为"移"，问同学们）我把它改一下，"一脚移开展板"，我改得好还是原文好？

生：原文好。

师：你说说看，为什么原文好？

生18：因为在打的时候，在生气是不是？而且如果一脚踢的话，椅子不可能是移开的。

师："踢"比"移"更体现那种生气，好，很不错。同学们看一下，一脚踢开掌板，自己夺过来，我把这里改了一下，"自己拿过来"，我改得好还是原文好？

生19：原文好。原文用"夺"有一种增强的感觉，体现愤怒，"拿"的动作比较平静。

师：那我们就来试一下，看看你做的动作。

（与同学模拟夺书，全班同学情绪高涨）

师：这体现了贾政的愤怒吧，所以曹雪芹是大师啊！好！

师："咬牙狠命盖"，我改了一下，"咬牙狠命打"，我改得好不好？

生20：不好。

师：说说不好的原因。

生20：因为"盖"更体现出他特别生气，更用力。

师：特别生气，更用力。

生20："打"就感觉不是很重，"打"可以轻轻地"打"，但"盖"就很重。

师：打可以轻轻地打，但盖就很重，这是一个，还有其他的吗？

生20：还有就是体现他非常生气。

师：为什么生气？"盖"字总感觉好像，大家想想看。

生21：用的力气非常大。

师：对了，"盖"就是扎扎实实地打一下，哎哟，你说"盖"上去，（这里老师拿着书，狠狠地做出"盖"的动作，同学发出笑声，班级里气氛热闹）没有血液的流动，你说疼不疼啊？

生（齐）：疼！

师：你看曹雪芹用词用得太好了，用了个"盖"字，这里，脸都红紫了，我就想把这个词划掉，"脸都红了"，与"红紫了"有什么区别？

生22：普通人的愤怒和一个人的愤怒感情到达极点。

师：哪个是普通人的愤怒？

生22：红了。

师：红就是普通人的愤怒？

生22：到达普通的愤怒的时候眼睛充血爆大，就红了。

师：充血就红了。

生22：特别特别生气的时候，（声音加大加重）眼睛就会由红变紫，因为太红了，积淀的颜色偏紫。

师：因为太红了，那血太多了，积淀的颜色。

生23：是。

师：哎呀！我觉得曹雪芹真是天才啊！写得真好！看到这里，就有一种想法，贾政真的够狠的吧！

生：嗯。

师：贾政那么狠狠地揍儿子，那为什么边打边哭，而且还哭得不轻。首先是泪如雨下，然后是滚瓜一般滚了下来。贾政为什么边打儿子边哭，谁能为我解释一下，这眼泪包含了贾政什么样的感情？

生23：子不教父之过，对自己的内疚。

师：这就是一种愧疚之泪。

生23：怨宝玉不听话，对他很失望。

师：这就是失望之泪。

生23：宝玉做的荒唐事啊，宝玉行为不端，让贾政觉得很心寒。

师：这就是一种心寒之泪。还有没有？

生23：还有对于宝玉能够改过自新的一种期盼。

师：期盼之泪，这个泪太复杂了，还有什么？没了，四种泪啦。

生24：毕竟宝玉是贾政的儿子，他死命往下打，把他打成这个鬼样子，不管怎么说，毕竟心里面还是心疼自己儿子的，感觉自己下手太重。

师：有没有心疼之泪啊？

生（齐）：有。

师：有啊，是自己的骨肉啊，谁不心疼啊，所以这又是心疼之泪啊！

师：在看的过程中，感觉整个《红楼梦》里贾政是个比较无情的人，但我看到这个地方，感觉贾政并不是无情的人，也流泪了，实在是太复杂了。下面我叫一个同学来读一下第6自然段，叫一个声音大的，谁的声音比较大？

生（全）：刘瑞。

师：刘瑞在哪？

生25：在。（刘瑞同学站起来，其他同学也在指刘瑞同学的位置）

师：然后其他的同学，遇到贾政的话的时候，就大声读啊，赶快站起来大声地读。

生读：宝玉急的跺脚，正没抓寻处，只见贾政的小厮走来，逼着他出去了。贾政一见，眼都红紫了，也不暇问他在外流荡优伶，表赠私物，在家荒疏学业，淫辱母婢等语，只喝令"堵起嘴来，着实打死！"小厮们不敢违拗，只得将宝玉按在凳上，举起大板打了十来下。贾政犹嫌打轻了，一脚踢开掌板的，自己夺过来，狠命盖了三四十下。众门客见打的不祥了，忙上前夺劝。贾政那里肯听，说道："你们问问他干的勾当可饶不可饶！素日皆是你们这些人把他酿坏了，到这步田地还来解劝。明日酿到他弑君杀父，你们才劝不成！"

（在读的过程中，读旁白的同学站起来，其他同学在读到贾政话语的时候，全体起立，一共站起来两次，同学们朗读的声音洪亮）

师：很好，自己为自己鼓掌。（掌声响起）这里面重点的词强化一下，但是有一个字，淫辱母，后面的字读什么？

生：婢bì。

师：对，读婢bì。

师：到此为止，贾政在打他儿子的时候，感情非常复杂，下手非常狠，但是也泪如雨下。在研读的过程中，我发现里面还有一个非常奇怪的事情，什么奇怪的事情呢，我先不说。

三、第三次研读课文6-7自然段，对比《红楼梦》连续剧

师：我们来看电视连续剧的一个片段啊。（教师播放宝玉挨打视频，在这个过程中同学们认真看着视频，视频播放完，幻灯片出现贾宝玉图片）

师：现在请同学们对照电视连续剧，电视剧与原文，同是表现贾政打宝玉这件事。但电视剧与原文在处理细节上还是有些不同。最大的区别在哪里？

生26：那个王夫人没有夺板子。

师：王夫人没有夺板子。

生27：先夺板子再踢开。

师：先夺板子再踢开。

生27：对。

师：说明他看得很仔细啊，好，先夺板子再踢开，这是一个区别。看最大的区别有没有发现？

生28：他没有打得又狠又快。

师：他没有打得又狠又快，还有没有？在哪里？好。

生29：刚才，电视剧里面先是那些小厮出去，叫人去叫王夫人来，再到房里面去劝贾政不要打。

师：还有一个最大的不同，不知道你们发现没有？

生30：没有把他的嘴堵住。

师：没有把他的嘴堵住，会出现什么情况？

生（全）：会叫。

师：到底是原文没写宝玉哭吧？

生（全）：没有。

师：一个字都没有，倒是贾政哭了，宝玉却没哭。剧本却写宝玉哭了。那是剧本写宝玉哭好，还是原文好？

生（全）：原文好。

师：原文为什么好？能说出道理吗？

生31：他没力气哭了。

师：他没力气哭了。

生31：这里主要是写贾政的愤怒，如果宝玉哀号啊，就把嘴堵住，就不用吩咐人去叫了。

师：关键这里有一个细节她读进去了，这里是堵住吧，是不是，电视剧里没有堵，堵住喊不出，说明贾政就是决意把宝玉打死。宝玉哭不哭呢？宝玉他是这样的一个人，"面若中秋之月，色如春晓之花，鬓若刀裁，眉如墨画，面如桃瓣，目若秋波。虽怒时而若笑，即瞋视而有情"。（教师指着幻灯片出现的文字读给同学听）

生：哇！（教室里一阵感叹声响起）

师：这样一个女性化的男人，会不哭吗？肯定会哭啊，我觉得哭可能更符合人性，我小时候也被我父亲打过，我也哭过。但《红楼梦》在写宝玉挨打的过程中，就是没哭、没喊叫，那到底是电视剧让宝玉哭好还是原著不让宝玉哭好呢？这个问题，我们留待下节课探讨，欲知宝玉为什么会被贾政打的原因，也听下回分解。

《登幽州台歌》课堂实录

上课时间：2018年3月29日

上课地点：广东佛山太平中学

上课班级：初（16）班

听课教师：来自佛山市西樵镇各校教师共约120名

师：上课！

生：起立！

师：同学们好！

生：老师好！

师：请坐。同学们，我非常高兴能够来到佛山交流学习。今天，我想与同学们一起来学一首唐代诗人陈子昂写的诗歌《登幽州台歌》。我认为，古代诗文教学，应该要讲一体四面，即文言、文章、文学、文化，这节课，我将采用语文悬念教学法，从四个角度去把握这首诗歌。（教师出示幻灯片）

语文悬念教学法：

（一）初读课文，从文章角度探究诗歌丰富内涵

（二）再读课文，从文学角度鉴赏诗歌意境形象

（三）三读课文，从语言角度品味诗歌节奏韵律

（四）四读课文，从文化角度挖掘诗歌登高情结

师：下面，我们先进行第一个环节（教师出示幻灯片）：

（一）初读课文，从文章角度探究诗歌丰富内涵

师：先请同学们在下面自由朗读诗歌，读准字音。一会儿，我会叫同学

们个别朗读。

（学生兴致勃勃地在下面自由朗读，2分钟后，纷纷举手要求朗读）

师：看来同学们都非常积极，谁来读？好！你来读，大家认真听，看字音读准了没有？

（生站起来读，读完后，教师纠正字音。怆chuàng然涕tì下）

师：下面，请同学们带着感情读这首诗歌，读时，可以配一些动作进行表演。同学们，我还带来了（教师挥示手帕）手帕，在读这首诗歌的时候，有一个地方可以用到手帕。下面，请同学们仔细揣摩这首诗歌，看哪个地方能用上手帕？2分钟后，我会叫同学上台表演的。

（此处以道具法设置课堂悬念，激发学生强烈的学习兴趣，听课教师也为这个精彩的教学设计击节叫好）

师：下面，我请一个同学读，并且叫两个同学上台表演（有两位男同学自愿上台），你们两人一人一块手帕，请同学们一起来评判，看哪个同学使用手帕准确到位。（当学生读到"独怆然而涕下"一句时，同学甲拿着手帕往鼻子上抹，同学乙则往眼睛上擦拭。听课师生笑得前仰后合）

师：下面请同学们评判一下，他们哪个手帕使用得准确到位？

生1：甲同学往鼻子上抹是对的。

师：为什么？

生1：因为"涕"，是"鼻涕"的意思。

生2：不对，乙同学往眼睛上抹才是对的。"涕"，是古今异义字，现在是"鼻涕"，鼻子里流出来的水，但在古代，则是眼睛里流出来的水，是"眼泪"的意思，"涕下"，就是"流泪"，眼泪掉下来的意思。

师：对了，"涕下"，这里的确是"流泪"的意思。杜甫有诗"戎马关山北，凭轩涕泗流"，也是指泪流满面。因此，往眼睛上擦拭是对的，如果是鼻子里流出来的水，诗人站在幽州台上，鼻涕流个不停，那多不雅观啊。好，现在同学们确认了这个"涕下"，是"流泪"的意思。但我们平时流泪，经常有两种情况：一种是高兴得流泪，一种是悲伤得流泪，你们认为，陈子昂是属于高兴得流泪还是悲伤得流泪呢？

生3：悲伤得流泪。

师：你能从诗歌中找到依据吗？

生3：怆然而涕下，怆然，就是悲伤。

师：正确。怆然，就是悲伤的样子。你看，怆，这边是心字旁，与心情有关，如凄惨、忧伤，这边都有心字旁。那么，我再问问同学们，诗人登上幽州台，为什么会怆然、会悲伤、会流泪呢？陈子昂怆然、悲伤、流泪的具体原因是什么？下面请同学们仔细研读诗歌前三句，探究诗人悲伤流泪的原因。同座位的同学可以讨论，2分钟后，我会叫同学说原因，看谁能说出多种原因？知道多少说多少。

（教师采用问题诱导法与倒叙追问法设置课堂悬念，学生跃跃欲试，纷纷讨论，2分钟后，学生作答）

生4：我认为陈子昂是因为寂寞孤独而流泪。

师：何以见得？请说出理由。

生4：诗人登上幽州台，往前看，看不见古人，向后看，见不到来人，前后没人，这不是很孤独寂寞吗？

师：当然，你说出了这两句诗歌的字面意思。那么，我问你，这里的"古人"指谁？"来者"指谁呢？同学们能猜出一些来吗？前后左右的同学可以相互讨论。

（学生响应教师号召，展开热烈讨论，并提出了自己的看法）

生5：古人，应该是指陈子昂时代以前的人，历史上的人；来者，应该是未来的人，后世的人，这些人，可能是陈子昂心中所想象的知己、知音。

师（明确）：你说得有一定道理，要弄清"古人""来者"的具体含义，这就要知人论世了。陈子昂这里登的是幽州台。（教师出示幻灯片）

幽州：古十二州之一，现在北京市。幽州台：即战国燕国时期燕昭王所建的黄金台，因燕昭王将黄金置于其上而得名。燕昭王修建黄金台用于招纳贤才，很快就招到了郭隗、乐毅等贤能之人，国家迅速强大。

师：那么陈子昂是在什么情况之下登上幽州台的呢？我们再来看看陈子昂是个什么人和这首诗歌的写作背景。（教师出示幻灯片）

陈子昂，唐代诗人，是一个很有政治头脑和军事眼光的人。武则天当政时，契丹南侵，武则天派建安王武攸宜出兵抗敌，任陈子昂为参军。陈子昂提出的正确主张武攸宜都不予理睬，结果兵败。但武攸宜不思悔改，反而把失败的责任推到陈子昂身上。陈子昂内心无比痛苦，于是他独自一人来到附近的幽州台上，写下了这首诗。

师："前不见古人"一句五个字，"古人"应包括燕昭王在内的许多古代贤王，前代的贤王见不着，后代的贤君等不到，空有治国安民的理想，终其一生不得实现，这该是多么令人忧郁的事情啊！"前不见古人，后不见来者"，没有人赏识，没有知音，作者是多么孤独寂寞啊！"前不见古人，后不见来者"，在艺术上，这两句是从时间的角度表现主人公的孤独。不错。我们共同解读了陈子昂流泪的一个原因，寂寞孤独而流泪。还有其他流泪的原因吗？

生6：我认为陈子昂是因为生不逢时，怀才不遇而流泪。

师：请结合诗句谈谈你的理由。

生6："前不见古人，后不见来者"，这里的"见"，解释成"遇见"更恰当。我生在这个时代，遇不到古代燕昭王这样的贤君，生命有限，也遇不见像燕昭王这样贤明的来者。

师：空有一身抱负，生不逢时，报国无门啊！因此作者悲愤地流泪。分析得很好。我们找到了作者流泪的第二个原因：生不逢时，怀才不遇而流泪。还有原因吗？

生7：作者为宇宙无穷人生渺小而流泪。

师：又是一个新发现，而且有哲理高度。从哪里看出？

生7：正如老师所说，一二句是从时间的维度来说宇宙的无穷，而第三句，则是从空间上来表现宇宙的无穷。

师：哪个词体现空间无穷？

生7："念天地之悠悠"。悠悠，就是渺远的样子。天地宽广，宇宙无穷，在广阔无垠的背景中，诗人寂寞地站在幽州台上，感慨天地悠悠，而人生却是这样渺小短暂，作者为生命短促而流泪。

师：说得真好啊！通过同学们的分析，我们探究出了陈子昂流泪的种种原因。下面，我们再读课文，从文学角度鉴赏诗歌意境形象。（教师出示幻灯片）

（二）再读课文，从文学角度鉴赏诗歌意境形象

教师提问，学生思考

师：我来自深圳市第二高级中学。我们学校，注重营造文化氛围，打造文化校园，我们学校开辟了一个文化长廊，文化长廊中有不少名人画像。请同学们猜猜看，这是谁的画像？（教师出示幻灯片，生答毛泽东）毛泽东，你们当然认识，而且这幅画像，有伟人气象，江山如此多娇，引无数英雄竞折腰，指点江山。再请同学们猜猜看，这是谁的画像？（教师出示幻灯片，根据画像特点，生猜，有学生说是李白，有学生说是陶渊明）

师：当然是李白，凭什么把李白画成这种神态？古代又没有照相机，那是根据这首诗歌画的。（教师出示诗歌："李白一斗诗百篇，长安市上酒家眠，天子呼来不上船，自称臣是酒中仙。"）李白爱喝酒嘛！李白不是有一首诗歌吗？"花间一壶酒，独酌无相亲。举杯邀明月，对影成三人。"在我们学校文化长廊里，也有一幅陈子昂的画像，是我们学校的学生画的。现在，我也要同学们画画陈子昂，然而，陈子昂这个人，我们没见过，古代也没有照相机、手机什么的给他拍照留下照片，那么，我们凭什么来给陈子昂画像呢？有一句话，叫文如其人，现在请同学们根据陈子昂的这首《登幽州台歌》来为陈子昂设计画像，看陈子昂会是一个什么形象。请同学们拿出纸笔，来给陈子昂画一幅像，请从外貌、动作、神态等方面进行设计。

（教师在这里借用绘画艺术设置悬念，引起学生极大兴趣，同学们纷纷拿出纸笔，边研读诗歌，边给陈子昂画像，教师在学生中巡视，5分钟后，教师拿出学生作品进行评论，看谁画得最像，然后出示艺术家作品）

师：接下来，我们再进一步把握陈子昂形象，请同学们在"陈子昂"前面加定语，来丰富陈子昂的形象。如对李白，我可以这样加定语，（教师出示幻灯片）一个飘飘欲仙的李白，一个才华横溢的李白，一个充满傲骨的李白，一个充满豪气的李白，等等。那么，请同学们根据《登幽州台歌》这首诗，给"陈子昂"加定语，看谁加得多，加得越多越好，当然不能无中生有，要从诗歌中找到依据。

（在这里，教师采用空白艺术，即填空法设置悬念，再次激发学生兴趣，学生再度研读诗歌，在下面加定语，5分钟后，学生纷纷举手回答问题）

生8：我看到了一个孤独寂寞的陈子昂。诗人看不见前古贤人，古人也没来得及看见诗人；诗人看不见未来英杰，未来英杰同样看不见诗人。

生9：我看见了一个怀才不遇的陈子昂。像燕昭王那样前代的贤君既不复可见，后来的贤明之主也来不及见到，自己真是生不逢时。

师：真是可悲可叹可怜的陈子昂呀。下一个。

生10：我看见了一个深沉思索的陈子昂。当我读这首诗的时候，眼前仿佛总有一位诗人的形象，他像一座石雕孤零零地矗立在幽州台上。那气概、那神情，有点像屈原，又有点像杜甫。他在那儿沉思，正凝视着无尽的远方。

生11：我看见了一个仰望苍天，俯视大地，潸然泪下的陈子昂。

师：真是一个顶天立地的陈子昂啊！

生12：我看见了一个有着积极的人生追求，渴望实现自身价值的陈子昂。诗人具有政治见识和政治才能，他直言敢谏，但屡受打击，理想破灭，孤寂郁闷。

生13：我看见了一个忧国忧民的陈子昂。当陈子昂登上幽州台的时候，举目四顾，大地苍茫，仰天长啸，壮怀激烈，古往今来多少历史兴亡的惨痛，一起涌上心头。

师：同学们讲得真好，我们以上通过师生互动，从文学的角度鉴赏了诗歌的形象，看到了一个丰富多彩的陈子昂形象。下面，我们从语言的角度品味诗歌的节奏韵律。（教师出示幻灯片）

（三）三读课文，从语言角度品味诗歌节奏韵律

师：在我的印象中，诗歌句式要整齐。你看，我们教材中选的古代诗歌

五首，后面四首，句式十分整齐，要么每句话都五个字，要么每句话都七个字，如《望岳》与《登飞来峰》：（出示幻灯片）

望岳

杜甫

岱宗夫如何，

齐鲁青未了。

造化钟神秀，

阴阳割昏晓。

荡胸生层云，

决眦入归鸟。

会当凌绝顶，

一览众山小。

登飞来峰

王安石

飞来山上千寻塔，

闻说鸡鸣见日升。

不畏浮云遮望眼，

自缘身在最高层。

师（指着幻灯片）：我们带着感情一起来读一遍《望岳》《登飞来峰》。

（生兴致勃勃地齐读这两首诗歌）

师：同学们，你们仔细看看，这两首诗歌，句式整齐，《望岳》八句话，每句五个字，《登飞来峰》是四句话，每句七个字。但《登幽州台歌》句子却不整齐：（教师出示幻灯）

登幽州台歌

陈子昂

前不见古人，

后不见来者。

念天地之悠悠，

独怆然而涕下。

师：（指着幻灯片）你们看，《登幽州台歌》前面两句五个字，后面两句六个字，我觉得这样不好。我这样改，去掉后面两句中的虚词"之"和"而"，句式就整齐了：（出示幻灯）

登幽州台歌

陈子昂

前不见古人，

后不见来者。

念天地悠悠，

独怆然涕下。

师（指着幻灯片）：同学们，请你们在下面讨论一下，看到底是我改得好，还是陈子昂的原诗好？要说出理由。

（生响应教师召唤，在下面展开讨论，一会儿，有学生举手回答问题）

生16：老师改得好。改后句式整齐，这才更像诗歌，而且读起来朗朗上口。

生17：我觉得原诗好，句式参差错落，节奏富于变化，更有利于表达诗人复杂的感情。

师：对的。我也认为原诗好，前两句音节比较急促，表达了诗人生不逢时的不平之气；后两句各增加了一个虚词，多了一个停顿，音节就比较舒缓流畅，而且强化了"悠悠"和"涕下"，更好地突出了一位胸怀大志而又生不逢其时、独立悲叹的动人的诗人形象，更好地表达了一种孤独悲愤、起伏强烈的慨叹之情。虚词不虚啊！（教师出示幻灯片）

陈子昂是唐诗革新的前驱者。主张诗歌要用恰当的形式去表现合适的内容。他倡导改变六朝到初唐的形式主义作风，一反初唐艳丽纤弱的诗风，而开盛唐朴素雄健的诗风，把诗歌引向朴实而具有真实生命的道路。《登幽州台歌》全诗直抒胸臆，气势磅礴，意境阔大，格调雄深，具有震撼人心的艺术魅力。

师：下面，请同学们摇头晃脑地朗读这首诗歌，要读出节奏，读出情感。（教师出示朗读幻灯片，学生摇头齐读）

师：好，以上我们从文章角度探究了诗歌的丰富内涵，从文学角度鉴赏了诗歌的意境形象，从语言角度品味了诗歌的节奏韵律，最后，我们从文化角度挖掘诗歌的登高情结。（教师出示幻灯片）

（四）四读课文，从文化角度挖掘诗歌登高情结

师：这个单元古诗五首，我发现前面三首，在内容上，有一个共同的特点，尤其是《登幽州台歌》与《登飞来峰》，这个共同的特点，不看诗歌正文，看诗歌标题就可以看出来，这个共同特点是什么？请同学们讨论一下。

（教师在这里运用诗歌标题设置课堂悬念，学生顿时产生兴趣，探究起来）

生18：两首诗歌的标题都有一个"登"字。

师：对了。"登"是一个动作，是走路，我们用"登"来进行组词，好不好？

生19：登山。

生20：登楼。

生21：登高。

生22：登峰造极。

生23：登堂入室。

师：刚才同学们所组的这些词的一个共同点，就是往高处走。《登幽州台歌》与《登飞来峰》，就是登高，登上了高处。《望岳》是杜甫写的，岳指泰山，杜甫写这首诗歌的时候，登上了泰山没有？没有。但他想登上泰山之巅，会当凌绝顶，一览众山小。可见，陈子昂、王安石、杜甫，都有登高的情结。其实，古代有许多诗人有登高情结，我们还学过一些什么登高的诗歌吗？（生答《登鹳雀楼》）对了，"白日依山尽，黄河入海流。欲穷千里目，更上一层楼。"还学过王维的《九月九日忆山东兄弟》吧："独在异乡为异客，每逢佳节倍思亲。遥知兄弟登高处，遍插茱萸少一人。"那么，中国古代文人为什么会有一种登高情结呢？登高作为一种文人独特的文化活动，具有深厚的文化渊源。登高是一种精神境界，是一种看待世界的视角，文人在现实生活中常常遭到贬斥，不得志，他们追求自由的理想境界只有在登高望远的时刻才可以使自己饱受束缚的心灵得到暂时的释放，使自身获得片刻的自由空间。我心飞扬，即使不能与鸟同飞，也要站到离天更近的地方，去品味飞翔的快感。以上三首诗歌，都是诗人在失意、遭遇挫折时写的。《登幽州台歌》是陈子昂怀才不遇、报国无门的时候写的，抒发的是作者孤独寂寞悲愤的情感。《望岳》，是杜甫唐玄宗开元二十三年（735），诗人到洛阳应试进士，结果落第而归，然而诗人没有灰心丧气；我们读诗，尤其要注意诗歌最后两句，往往是画龙点睛之笔；"会当凌绝顶，一览众山小"，有朝一日，我一定要登上泰山的顶部，傲视群雄，表现了作者的决心和追求，有超越万物之志向。《登飞来峰》的作者王安石是一个政治家、改革家，但他在改革中，由于触动了权贵的利益，改革遇到重重阻力，但他"不畏浮云遮望眼"，反映诗人为实现自己的政治抱负而勇往直前、无所畏惧的精神。

儒家思想倡导"达则兼济天下，穷则独善其身"，而他们则是无论穷达，都要兼济天下。他们悲天悯人，他们精神崇高。

好，到此为止，这节课我们运用语文悬念教学法，从文章角度探究了诗歌的丰富内涵，从文学角度鉴赏了诗歌意境形象，从语言角度品味了诗歌节奏韵律，从文化角度挖掘了诗歌登高情结。最后，请同学们全都站起来，昂起头，双目注视前方，美读一下这首诗歌。

好，这节课我们讲到这里。谢谢同学们！

《庖丁解牛》教学实录

2017年4月27日，深圳市高中语文名师和青年教师"异课同构"研究课活动在深圳市第二高级中学举行。本次活动由深圳市教科院主办，来自深圳市和广州市上百所学校的1100多名教师前来观摩听课。在这次活动中，我受深圳市教科院邀请，上了一节《庖丁解牛》公开观摩课。课后，老师们反响强烈。他们一个共同的话题是从来没有听人这样解读《庖丁解牛》，都说这堂课切入巧、角度新、方法奇、效果好。有不少听课教师问我，为什么能设计出这样奇特的课例？有一个叫王丹的老师对我说，您的《庖丁解牛》真牛，如此解读，亏您想得出。几天过去了，还有不少教师发来微信鼓励我，其中有一个微信朋友套用《庖丁解牛》中的话："何特庖丁解牛，技盖至此乎？"我亦答曰："臣之所好者，道也。进乎技矣。"在这里，我所说的"道"，就是一种理想的追求。

　　上课时间：2017年4月27日

　　上课班级：高二（18）班

　　上课地点：深圳市第二高级中学二楼报告厅

　　听课教师：来自广东省各地教师共约1100人

师：上课。

生：起立。

师：同学们好！

生：老师好！

师：请坐。

师：同学们，今天，我们来学习庄子的一篇散文《庖丁解牛》。学习之前，请同学们先自由地阅读课文，古人读书是摇头晃脑的，下面请同学们读起来，看谁摇头的幅度大。

（在老师的鼓动下，学生摇头晃脑、津津有味地自由读起来）

师：这节课，我打算采用悬念教学法，从四个维度来学习这篇课文：（教师出示幻灯片，并指着幻灯片说）

初读课文，品味《庖丁解牛》的语言艺术

再读课文，赏析《庖丁解牛》的文学形象

三读课文，探究《庖丁解牛》的文章结构

四读课文，挖掘《庖丁解牛》的文化意蕴

我们先开始第一个步骤来学习这篇文章，初读课文，品味《庖丁解牛》的语言艺术。（教师出示幻灯片）

（一）初读课文，品味《庖丁解牛》的语言艺术

师：刚才同学们读得很好，下面，看哪个同学来单独读一下，看哪个同学能自告奋勇来读。（一女生举手）

师：好，你来读。大家认真听，看她读得怎样？字音读准没有，读得是否流畅？

（女生声情并茂地读起来，读完，学生热烈鼓掌）

师：她读得怎样？

生1：整体来看，读得很好，读出了一种庖丁解牛之美。但有一个字读错了。

师：哪个字？

生1："因其固然，技经肯綮之未尝"的"技"，她读成了技（jì），此处应读技（zhī）。

师：为什么读技（zhī）？

生1：因为此处是通假字，"技"通"枝"。

师：嗯。有道理，应该读zhī。好，刚才同学们自由地读了此文，又有同学单独朗读了此文，对文本内容应该有一个大体的了解了。请问，这篇散文，涉及几个人物？

生（齐）：两个。

师：哪两个？

生2：一个是庖丁。

师：庖丁姓什么？

生2：姓庖。

师：是姓庖吗？

生3：错了，姓丁。

生4：错了，既不姓庖，也不姓丁。

师：那庖丁解牛，庖丁是什么意思呢？

生4：庖，是厨师的意思，丁是名。"庖丁"意思是一个名叫丁的厨师。

（此处教师采用问题诱导法设置课堂悬念，激发学生的探究欲望，让学生自己搞清了庖字的含义）

师：对了，他的理解十分正确。春秋战国时代，人们称呼以某种技艺为职业的人，习惯在其名字前面加上一个表其职业的词，如师旷，师，乐官的称谓，一个名叫旷的乐师。奕秋，奕，下棋的高手，一个名叫秋的下棋高手。好，刚才同学们知道了庖丁是一个怎样的人。书中两个人物，除了庖丁，还有一个是谁呢？

生（齐）：文惠君。

师：对了，文惠君在文中只说了两句话。请同学们找找看，哪两句话？（生好奇地在文中寻找，一会儿，有学生回答是两句话）

师：对了，就这两句。（教师出示幻灯片）

文惠君曰："嘻，善哉！技盖至此乎？"

文惠君曰："善哉！吾闻庖丁之言，得养生焉。"

师（指着幻灯片说）：两句话都用了"善哉"这个词，但前面一句在"善哉"前面用了"嘻"字，"嘻，善哉！"后面一句没用。那么，我觉得，前面那句话的"嘻"字也可以去掉。"善哉！技盖至此乎？"你们说，去掉"嘻"字，行不行？

生5：不行。

师：为什么？

生5：加了"嘻"字更真实，第一段说庖丁解牛非常厉害，文惠君看到这种高超的解牛场面发出了感叹，这个"嘻"字有一种惊叹和由衷的赞扬之意。

师：这个"嘻"字，相当于现在的什么感叹词？

生（齐）：哇！哇噻！

师：哇！哇噻！善哉！"善哉"什么意思啊？

生（齐）：好啊！

师：哪位同学把文惠君这句话读一下。读出惊叹感来。

（学生纷纷举手）

生6（摇头晃脑地读）："嘻，善哉！技盖（gài）至此乎？"

师：她读得怎样？

生7：稍显平淡了些，没有读出这种惊讶和赞叹的情感，另外，"盖"字读错了，应读"hé"音。

师：为什么？

生7：因为它是通假字，通"盍"。

师：嗯，"盖"字确定应读hé，你说她读得平淡了些，那你来读一下好不好？

（生7摇头晃脑地声情并茂地读，听课师生发出由衷的微笑）

师：他读得很好，"盖"字重读，"乎"字拖长并升高，读出了一种惊叹感。下面全体同学齐读，读出惊叹感来，在读"乎"字的时候，都要摇头，好不好？

生：好。

师：全体同学站起来读这句话。

（生站起来，齐读，当读到"乎"字时，同时摇头，听课教师为此教学设计惊叹不已）

师：那么，庖丁解牛，文惠君为何会发出"嘻"如此的惊叹之声？请同学们研读第1自然段，看看庖丁解牛到底有什么特点，到底值不值得文惠君来一声"嘻"的赞叹？

（学生认真研读，约3分钟过后，学生站起来回答问题）

生8：庖丁解牛的每个动作都十分优雅。

师：在第1段中能找到依据吗？哪个地方看出来很优雅？

生8：合于《桑林》之舞，乃中《经首》之会。解牛发出的响声有一种音乐的美。

师：合于《桑林》之舞，乃中《经首》之会。"中"是什么意思？

生4："中"是合乎的意思。就是说，庖丁解牛合乎音乐的节拍和节奏。

师：理解正确。杀牛舞蹈化，音乐花，有一种听觉美。文惠君感受庖丁解牛，除了用听觉去感受，还通过什么感官去感受呢？

生8：还通过视觉去感受庖丁解牛。

师：正确，通过视觉去感受庖丁解牛。那么文惠君看到庖丁解牛时用了哪些动作呢？

生8："手之所触，肩之所倚，足之所履，膝之所踦"，庖丁解牛，用到手、肩、脚、膝盖，而且动作十分熟练、协调。

师：分析十分精彩。那么，"手之所触，肩之所倚，足之所履，膝之所踦"中的"所"是什么意思呢？

生8：所，是"什么什么的地方"的意思。手所接触的地方，肩膀所倚靠的地方，脚所踩的地方，膝盖所顶的地方。

师：所，是"什么什么的地方"，我们以前学过没有？

生8：学过，在韩愈的《师说》中学过。

师：对。你能说出那句话吗？

生8："是故无贵无贱、无长无少，道之所存，师之所存也"，道理存在的地方，就是老师存在的地方。

师：很好，现在，我们来总结一下，庖丁解牛有什么特点：（出示幻灯片）

> 视觉（动作）手触—肩倚—足履—膝踦
>
> （舞蹈化）——合于《桑林》之舞
>
> 听觉（响声）砉、騞——莫不中音
>
> （音乐化）——合于《经首》之会

师（指着幻灯片）：同学们请看，庖丁解牛，动作舞蹈化，响声音乐化，这些，刚才我们同学都提到了。那么，现在请同学们考虑一下，我把"庖丁解牛"的"解"字换成庖丁"宰"牛、庖丁"杀"牛、庖丁"屠"牛行不行？

（教师采用词语替换法设置悬念，学生兴趣盎然，认真思考，有的同桌不禁窃窃私语，相互讨论起来，约3分钟后，学生自动举手回答问题）

生9：我觉得可以换成宰牛、杀牛、屠牛，因为庖丁是一个屠夫，他干的就是宰牛、杀牛的事情，我们平时也都是这样说的，倒是很少说解牛。庖丁解牛，其实就是说的庖丁杀了一头牛。

生10：我不同意他的观点，这里不能换。

师：为什么？

生10：因为庖丁不是一个一般的屠夫。他的技艺特别高超，对牛的结构十分了解。解，是解剖，必须懂得牛的结构，才能去解剖，普通的屠夫，他只是杀牛。

师：他解释得非常好。（教师出示幻灯片，并解释《说文解字》对"解"的解释）**解**，《说文解字》是这样解释的：判也，从刀，判牛角。本义，剖牛，取牛角。所以，的确如刚才同学所说，庖丁不是一个普通的屠夫，他懂得牛的结构，他不是一般的杀牛，而是解剖牛，所以这里不能换成庖丁宰牛、杀牛、屠牛。同学们，你们看过杀猪吗？看过杀鸡吗？

（学生兴致非常高，大声回答"看过"，听课教师也发出了笑声）

师：杀猪、杀鸡的时候，你们听到的声音，会是什么声音？

（有的学生答会听到惨叫的声音，有的学生还模拟猪惨叫、鸡惨叫的声音，课堂气氛十分活跃）

师：对了，就这惨叫的声音！

（听课师生大笑）

师：然而，庖丁解牛，我们听到牛的惨叫声吗？

生7：没有，听到的只是音乐的声音。

师：对了，写解牛时不闻牛惨叫，只能听到悦耳的刀声，暗示了牛在毫无痛苦的情况下被"解"了，说明庖丁的技艺确实达到了至高境界。（听课师生发出会心的微笑）下面，请同学们用一个恰当的成语来描绘一下庖丁解牛的这种境界，好不好？

（学生纷纷举手）

生11：庖丁解牛炉火纯青。

生12：出神入化。

生13：随心所欲。

生14：登峰造极。

生15：登堂入室。

师：很好，这些成语都能概括庖丁解牛的境界。其实，庖丁这种至高无上的解牛境界，从庄子的语言表现形式也可以表现出来。这种诗意的美，从庄子的语言形式外化出来了。（教师出示如下幻灯片）

品味《庖丁解牛》的语言艺术

庖丁为文惠君解牛。

手之所触，

肩之所倚，

足之所履，

膝之所踦，

砉然向然，

奏刀騞然，

莫不中音：

合于《桑林》之舞，

乃中《经首》之会。

文惠君曰：嘻，善哉！技盖至此乎？

师（指着幻灯片）：同学们看看，我这样排，像不像诗歌呀。庄子有很高的语言驾驭能力，散文词汇丰富，描情状物多姿多彩，句式整齐，读起来，声调铿锵，富有诗意。所以，通过庄子语言的外化，也可以看出，庖丁解牛这种出神入化之美。同学们，君子远厨庖，但庖丁解牛，我们都想看。我们现在来美读一下第1自然段，来领略一下庄子的语言艺术。（教师出示幻灯片）

庖丁为文惠君解牛。

手之所触，

肩之所倚，

足之所履，

膝之所踦，

砉然向然，

奏刀騞然，

莫不中音：

合于《桑林》之舞，

乃中《经首》之会。

文惠君曰：嘻，善哉！嘻，善哉！

嘻，善哉！

技盖至此乎？

师（指着幻灯片）：请一个同学朗读，遇到画线的句子，全班同学加入读。你们发现没有，最后三行画线句子，字形由小到大，你们读时，声音也要由小到大，以直观形象地体现出文惠君惊讶赞叹的情感。

（此处教师通过奇妙的板书设置课堂悬念，激发学生极大的朗读文言文的兴趣，使文言文教学有趣有味又高效，果然，学生按照教师要求兴趣盎然、摇头晃脑地读起来，教师也手舞足蹈，课堂气氛十分活跃，听课教师对这个精妙设计击节赞赏）

师：美不美呀，美，怪不得文惠君看到庖丁解牛以后会发出"嘻"这样赞叹的声音。好，我们以上初读了课文，品味了《庖丁解牛》的语言艺术。接下来，我们再读课文，探究《庖丁解牛》的文学形象。（教师出示幻灯片）

（二）再读课文，探究《庖丁解牛》的文学形象

师：同学们，这篇散文是放在第四单元的。这个单元的主题是创造形象、诗文有别。形象是理解作品的重要依据。这篇课文，创造了庖丁这个艺术形象。前面讲了，庖丁解牛艺术高超，但世界上没有天生的人才，庖丁成为解牛高手，也不是天生的。请同学们认真研读第3自然段，寻找庖丁的成功密码，谈谈庖丁为什么能成为解牛高手？用我们现在的话来说，为什么能成为大国工匠？

（教师在此处采用问题诱导法设置课堂悬念，引导学生带着问题去阅读文本，深度思考，学生产生了浓厚的兴趣，认真阅读第3自然段，探究庖丁成功的原因，有的同桌展开讨论，约3分钟后，学生纷纷举手回答问题，谈自己的看法）

生16：我觉得庖丁勤于思考。他喜欢的是道。"臣之所好者，道也。进乎技矣。"

师：道，是什么东西呀？

生16：道教。

（师生笑）

师：是不是道教？

生16：错了错了，应该是事物的自然规律。用我们现在的话说，就是他遵循自然规律。

师：你的意思是说，庖丁能成为解牛高手，是因为他遵循自然规律。好，这是一个很好的发现，她发现了庖丁成功密码之一。

生17：我认为庖丁成功，还因为他善于总结。他解牛达到如此境界，经过了三个阶段。

师：哪三个阶段？

生17：目有全牛、目无全牛、游刃有余。

师：你能具体说说这三个阶段的内容吗？

生17："始臣之解牛之时，所见无非牛者"，这是第一阶段，意思是说，刚开始杀牛时，见到的无不是一头完整的牛，也就是目有全牛。

师：目有全牛，这不是挺好吗？说明庖丁胸有成竹嘛！

生17：不是这么理解，我的理解是，说明庖丁这时对牛的结构还不了解，看到的只是牛的表象。

师：你的理解有深度，不错。继续说。

生17："三年之后，未尝见全牛也。"这是第二阶段，意思是说，过了三年，庖丁不断积累经验，不断摸索，终于弄清了牛的内部结构，出现在他眼前的牛，已不是一头完整的牛了，这是目无全牛的阶段。

师：你的理解有道理。三年之后，他了解了牛的结构，所以目无全牛了。这是对的，就好像医生看人一样。我们不懂医的人，看到的无非是一个完整的人，但是医生，尤其是学过解剖的医生，他看人可能就看到了人的五脏六腑。这个时候，说明庖丁对牛体结构有了深入的理解了。不错，理解很到位。那么，第三阶段呢？

生17："方今之时，臣以神遇而不以目视，官知止而神欲行。"这是游刃有余的阶段。现在庖丁杀牛，凭直觉，根本不用眼睛看了。

师："神遇"，就是用精神去接触牛，这是一种杀牛的至高境界了。我们的同学理解透彻呀。你们看过郎朗弹钢琴没有？

生（齐）：看过。

师：郎朗用手弹钢琴时，他的眼睛看不看琴键啊？

生（齐）：不看。

师：对啦。郎朗弹钢琴时，声情并茂，眼睛根本不看琴键。（教师边说边模仿郎朗弹钢琴的动作，引得听课师生大笑）这就是"以神遇而不以目视，官知止而神欲行"啊！刚才两位同学已发现了庖丁成功的两个密码，一是有理想的追求，"臣之所好者，道也"；二是不断探索、善于探索规律；好，不错，这些都是庖丁取得成功的原因；还有新发现吗？

生18：做事谨慎，不骄傲。

师：从哪里看出？

生18："虽然，每至于族，吾见其难为，怵然为戒，视为止，行为迟，动刀甚微。"从这里可以看出来。

师：不错。那么，刚才你说的这段文字里，有些古今异义词，你发现了没有？

生18：我觉得"虽然"算是一个，虽然，现在是表转折的连词，这里应该是"即使这样"之意，还有"行为迟"的"行为"，现在是"行动"，这里是"动作因此"的意思。

师：很好。的确，这两个词是古今异义词，那么，你能不能把这段文字翻译出来呢？

生18：好的。即使这样，每当碰到（筋骨）交错聚结的地方，我看到那里很难下刀，就格外小心谨慎，目光因此而集中，动作因此而放缓。动起刀来非常轻。

师：翻译做到了字字落实，高考文言文翻译是一个常考题目，10分，它就要求字字落实，凭你的实力，假如你今年参加高考，翻译估计可以得满分。好，他又发现了庖丁成功的一个密码。做事谨慎，不骄傲。

生19：老师，我也有发现。

师：哦，好啊。说说看。

生19：庖丁成功，我认为他有一种坚持不懈的精神。

师：能不能稍稍展开一点？

生19：庖丁说，他的刀用了十九年了，"所解数千牛矣，而刀刃若新发于硎"，专心做一件事情，十九年，而且解了几千头牛，几十年如一日，专心做一件事，而且长期反复练习，不想成为专家，也会变成专家。

师：说得多好。现在有一种说法，一项技能反复练习10000个小时就能成为专家，我看，庖丁就是这样练出来的。你这个发现了不起。

生20：老师，我也有新发现，庖丁解牛时，注意方法，不去碰硬骨头。

师：哦，不碰硬骨头，在哪儿？把这句话读给大家听。（生20读"依乎天理，批大郤，导大窾，因其固然，技经肯綮之未尝，而况大軱乎！"）

师：找对了。庖丁解牛是按照牛的天然结构，顺着骨节间的空处入刀，所以，他的刀具总是保持锋利无比，杀起牛来，也自然别人干脆利索。这也是庖丁成为大国工匠的原因。

生21（迫不及待地）：老师，我也有新发现。俗话说，知之者不如好之者，好之者不如乐之者。庖丁能成为大国工匠，一个最重要的原因是他喜欢自己的事业，他陶醉在自己的事业中。

师：何以见得？

生21：庖丁杀牛成功后，"丁提刀而立，为之四顾，为之踌躇满志。"他提着刀站起来，为此举目四望，为此悠然自得，心满意足。从这里可以看出，他打内心热爱自己的职业，没有这种对事业的热爱，即使练习10000个小时，也不可能成功！

（听课师生为学生精彩的发言而热烈鼓掌）

师：我们的同学真了不起，有些看法，我都没想到啊！我们说，通过同

学们的探究，基本上找到了庖丁的成功密码。（教师归纳总结）

一是庖丁成功，是因为有理想有追求。

二是庖丁有坚持不懈的探求精神。这种探求经历了三个阶段：（教师出示幻灯片）

解牛的三个阶段

（1）"始臣之解牛之时"——"所见无非全牛也"

（2）"三年之后"——"未尝见全牛也"

（3）"方今之时"——"以神遇而不以目视"

目有全牛→目无全牛→游刃有余

（不懂规律）（认识规律）（运用规律）

（了解规律）（掌握规律）

师：由庖丁解牛的三个阶段，我由此想到另一个大学者王国维的人生三境界说：（教师出示幻灯片）

清代的王国维《人间词话》人生三境界说：

昨夜西风凋碧树。独上高楼，望尽天涯路。

臣之所好者，道也——不畏艰难，目标高远

衣带渐宽终不悔，为伊消得人憔悴。

三年之后、方今之时——坚定不移，孜孜以求

众里寻他千百度，蓦然回首，那人却在，灯火阑珊处。

以神遇而不以目视——千锤百炼，终成正果。

庖丁解牛的三个阶段，正与王国维的人生三境界相对应。一个人在事业上，要取得成功，必须要经历这三个阶段。

三是庖丁顺其自然，不去强求。

"依乎天理，批大郤，导大窾。"

四是庖丁谨慎行事，绝不莽撞。

"每至于族，吾见其难为，怵然为戒，视为止，行为迟。"

五是庖丁热爱自己的本职工作，"提刀而立，为之四顾，为之踌躇满志"。

我想，有一千个读者，就会有一千个庖丁。其实，庖丁形象的内涵还远

远不止这些，由于时间关系，我们只能探究到这儿。同学们，庄子在塑造庖丁形象的时候，他还用了许多成语，请同学们再次阅读第3自然段，从中找出一些成语，看谁找得多，我们来一个找成语比赛，好不好？

（此处，抓住学生的好奇心和好胜心理，设置悬念，激起学生斗志，学生再度迅速进入文本，研究文本，寻找成语，把握形象约2分钟后，学生跃跃欲试，纷纷举手回答问题）

生22：目无全牛。

师：正确。你能用"目无全牛"造句吗？

生22（略作思考）：只要肯下功夫，你的技艺日后必能达到庖丁目无全牛的境界。

师：他造句对不对？

生：正确。

师：造句正确，说明他对这个成语理解了。好，谁再来说说成语？

生23：切中肯綮。

师：找对了，的确是个成语，你能解释这个成语吗？

生23：比喻切中要害，找到了解决问题的好办法。

师：不错，解释很好。

生24（迫不及待地）："游刃有余"也是成语。

生25："踌躇满志"也是成语。

师：哇噻，我们的同学眼光锐利，找到好几个了。

生26：老师，还有"庖丁解牛"也是成语呢！

生27：我觉得"怵然为戒"也是成语。

师：为什么？

生27：因为它是四个字。

师（笑）：四个字的就一定是成语吗？你查过字典没有？

生27：查不到。

师：那就是你创造的一个成语，成语是语言经过长期使用、锤炼而形成的固定短语，"怵然为戒"应该不是成语。还有没有成语呢？（学生没举手的，教师于是出示幻灯片）

找成语比赛

① 庖丁解牛

② 目无全牛

③ 官止神行

④ 切中肯綮

⑤ 批郤导窾

⑥ 游刃有余

⑦ 踌躇满志

⑧ 善刀而藏

⑨ 新硎初试

师：同学们找到了人们最常用的成语，其实《庖丁解牛》中有9个成语，我根据这9个成语，给你们出了一道成语高考题目。（教师出示幻灯片）

下列各句中画线词语的使用，全都正确的一项是（　　　）。

①《人民的名义》中的省警察厅厅长祁同伟做事情只考虑自己，毫无集体观念，真是<u>目无全牛</u>。

②《人民的名义》中的汉东省省委书记沙瑞金同志看问题总是高瞻远瞩，分析起问题来能够<u>切中肯綮</u>，使人豁然开朗。

③《人民的名义》中的主人公侯亮平毕业于汉东大学，是汉东大学的高材生，有着多年的反贪工作经验，有不少贪官在他手上落网。现在从最高检来到汉东做反贪局长，办起案来自然<u>游刃有余</u>。

④《人民的名义》中的季警察长在抓捕丁义珍一事上老是怕这怕那的，犹豫不决，一副<u>踌躇满志</u>的样子，导致抓捕失败，丁义珍潜逃美国。

⑤《人民的名义》中的李达康书记敢闯敢干，得罪了不少人。有人对他说，你现在已经功高盖主，必须<u>善刀而藏</u>，才能全身而退。

⑥《人民的名义》中的工人郑西坡在大风厂车间工作了三十多年，拆装机器神速准确，如同<u>庖丁解牛</u>，令人赞叹。

A.①③⑤　　　　　　　　　B.②④⑥

C.②③⑥　　　　　　　　　D.①④⑤

最近，大家不是看了电视热播反贪剧《人民的名义》吗？我把《人民的名义》中的有关剧情和《庖丁解牛》中的成语结合起来造句。你们现在看看，哪个答案是全都正确的一项？

（这里，教师把课文中的成语与电视热播剧结合起来，激起听课师生极大的兴趣，学生认真思考，一会儿，学生举手回答问题）

生28：我认为全部正确的一项是C项。

师：为什么？

生28：首先，第一句，"目无全牛"用错，目无全牛，本意是用来指技艺达到极其纯熟的程度，达到得心应手的境界。这里，却犯了望文生义的毛病，认为是没有全局观念的意思，所以，有①项的要排除，这样就排除了A和D两项。然后第四句"踌躇满志"也用错，"踌躇满志"是悠然自得、心满意足的意思。而这里却理解成犹豫不决的样子，故有④的项，即B项也要排除，因此答案就是C。

师：分析很正确，看来你对《庖丁解牛》中的成语也理解了。这个题目要记住，会考哦！（师生为老师的风趣幽默发出会心的微笑）到此为止，我们采用悬念教学法，从语言的角度、文学的角度，师生一起来学习了《庖丁解牛》，下面，我们从文章的角度，来进一步探究《庖丁解牛》这篇课文的结构。（教师出示幻灯片）

（三）三读课文，探究《庖丁解牛》的文章结构

师：我们说，文章中，文惠君说了两句话：（教师出示幻灯片）

文惠君曰："嘻，善哉！技盖至此乎？"

文惠君曰："善哉！吾闻庖丁之言，得养生焉。"

师（指着幻灯片）：前面一句，文惠君说："嘻，善哉！技盖至此乎？"后面一句，文惠君就不说"嘻"了，你们想想看，前面"嘻"，后面就不"嘻"了，为什么？

（在这里，教师抓住"嘻"，采用对照法设置课堂悬念，激起听课师生极大兴趣，听课师生为教师的独到方法发出惊叹之声）（学生思考并同桌讨论，一会儿，学生举手回答问题）

生29：前面有"嘻"，是因为文惠君看到庖丁解牛的出神入化，视觉上产生了震撼，而发出惊叹，翻译成现在的话就是"哇，好厉害呀！"而后面，不"嘻"，是因为庖丁阐释了自己能达到这种境界的原因，于是，文惠君明白了道理，于是不"嘻"不"哇"了。

师：是不是这么回事啊？我们的同学真厉害呀！实际上，这位同学把这篇文章的结构揭示出来了。下面看哪位同学能在刚才这位同学的基础上，来说说这篇文章的结构特点。

生30：我从"嘻"字出不出现和刚才同学的回答受到启发，我觉得这篇文章属递进式结构。

师：你能说具体一点吗？

生30：首先，第1自然段，是正面描写庖丁解牛很厉害，技术高超。第2自然段，是通过文惠君的赞叹，从侧面描写庖丁解牛技术的高超。第3自然段，则是进一层阐明庖丁解牛为什么技术高超。最后一段，明白道理，点出主旨。所以，我认为文章是递进式结构。

师：说得很好，通过刚才同学们的探究，基本上把握了这篇文章的结构特点。的确，这篇文章是递进式结构：（教师出示幻灯片）

第1段：描写庖丁解牛的场面，突出了庖丁解牛技术的高超。

2—3段：阐述了庖丁解牛技术高超的原因。

第4段：文惠君"得养生焉"，点出本文主题。

（卒章显志递进式结构）

师：叶圣陶先生说，"思想是有一条路的，一句一句、一段一段都是有路的，好文章的作者是决不乱走的。"以上，我们从三个层面解读了《庖丁解牛》这篇课文。下面，我们从第四个维度，挖掘这篇课文的文化意蕴。（教师出示幻灯片）

（四）四读课文，挖掘《庖丁解牛》的文化意蕴

师：同学们，文章的标题是"庖丁解牛"，而结尾文惠君却说："善哉！吾闻庖丁之言，得养生焉。"可见，文章是庄子谈养生之道的。前面三段谈解牛之道是为了引出最后谈养生之道。那么请问，解牛之道与养生之道有什么相似之处？请同学们讨论一下这个问题。

（这里，教师采用问题诱导法设置悬念，以引发学生思考，学生先独立

思考，继而热烈讨论，约3分钟后，学生纷纷举手回答问题）

生31：庖丁解牛是顺其自然，遵循牛的生理结构，然后庄子谈的养生之道也是要顺其自然的。

师：你是说解牛之道与养生之道的共同点就是顺其自然，对不对？

生31：是的。"良庖岁更刀，割也；族庖月更刀，折也。今臣之刀十九年矣，所解数千牛矣，而刀刃若新发于硎"，这把刀，就相当于人的身体，人只有像庖丁解牛一样，遵循自然，爱护保养那把刀一样，顺应自然，才能永葆青春，才能活得久，不会夭折。

师：说得很好，庄子写这篇文章的本意，就是告诉人们如何养生、全生。在这里，庄子是用牛体的复杂结构来比喻社会，用刀来比喻人。谁还有补充？

生32：庖丁面对交错聚结的牛的筋骨，能够游刃有余，主要是因为他解牛时能"依乎天理""因其固然"，并持"怵然为戒"的审慎、关注的态度。人要在纷繁芜杂的社会里做到"游刃有余"，做到养生，就必须像庖丁那样。

（听课师生为学生的精彩解读热烈鼓掌）

师：做事顺乎其理，毋强行，小心翼翼，虽踌躇满志但不得意忘形、锋芒毕露，这样才能保身、全生、养亲、尽年。我们的同学对这篇文章的解读很深啊，了不起！这篇课文是《庄子·养生主》里的一则寓言。题目是后来加的，原意是讲养身之道。养生主，指养生的主要关键。《庄子·养生主》所揭示的主题思想是：护养精神生命的方法莫过于顺其自然。（教师出示幻灯片，介绍庄子的思想）

中国的先秦是一个属于思想家的年代。在群星璀璨的夜空中，庄子是那类耀眼的星座之一。这个枯瘦的老人像一只下蛋的鸡，趴在大自然的巢穴里勤勉地生产思想的鸡蛋，然后咯咯地叫着"天道自然，养生全身"八个字，向人们传播自己的思想。庄子的思想被后人称之为最早的关注人心灵的哲学。

师：同学们，春秋战国时代，也像牛的结构一样，那么复杂，各家各派、不同的文化流派开出了不同的药方：

纵横家开"暴力"之药方，逆天理，伤民众；

法家开"法律"之药方，认为"人性本恶"，驾驭统治臣民；

儒家开"仁义"之药方，教化民众，积极救世；

庄子则开"自然"之药方，庄子认为，治理国家要依乎天理，遵从自然，善待生命。"小心依道而行"，就要像庖丁解牛一样，解了牛而不伤刀，治理了国家又不劳民伤财才是最高境界。

师：其实，庄子的《庖丁解牛》，对我们今天的为人处世也是有启发意义的。著名的文化学者于丹说过一段下面的话：（教师出示幻灯片）

我们把这个故事用在今天的生活中，如果我们人人做成这样一个庖丁，让我们的灵魂上有这样的一把可以永远锋利的刀子，让我们迷失在大千世界中的生活轨迹变成一头整牛，让我们总能看到那些缝隙，能够准确地解清它，而不必说去砍骨头，去背负担，大家不必是每天在唉声叹气中做出一副悲壮的姿态，让人生陨落很多价值，那么我们获得的会是人生的效率。

——于丹《庄子心得》

师（指着幻灯片）：让我们深情地朗诵一下于丹的这段话。

（学生深情朗读，课堂教学达到高潮）

师：以上，我们采用悬念教学法，通过"初读课文，品味《庖丁解牛》的语言艺术；再读课文，赏析《庖丁解牛》的文学形象；三读课文，探究《庖丁解牛》的文章结构；四读课文，挖掘《庖丁解牛》的文化意蕴"这四个步骤，全方位地解读了庄子的《庖丁解牛》。下面，我给大家出了一道高考作文题，会考的：（师生为教师的幽默风趣发出会心的微笑，教师出示幻灯片）

1. 当今提倡工匠精神，要想成为大国工匠，我们从《庖丁解牛》中能得到怎样的启示？

2. 阅读下面的材料，根据要求写一篇不少于800字的作文。

材料一：明人魏学洢在《核舟记》一文中表现了明代工匠王叔远高超的雕刻技艺。文中描绘他能以径寸之木，为宫室、鸟兽、木石，各具形态。令人啧啧称奇，久久不能忘怀。

材料二：纵观世界工业发展史，凡工业强国都是技师技工的大国。在日本整个产业工人队伍中，高级技工占40%，德国则达50%。而中国这一比例仅为5%，全国高级技工缺口近1000万人。在职业教育方面，德国采用双元制，学校和企业进行密切合作，从理论学习到实践技能的培养，以及整个工作思维、问题思维、职业思维的养成，便是"德国制造"的基石。

要求：综合材料内容及含义结合现实实际作文。选好角度，确定立意，明确文体，自拟标题；不要套作，不得抄袭。

师（指着幻灯片）：尤其第二道题目像高考题，是从我一位大学同学蒋雁鸣老师的公众号上看到的，她可是湖南一位很有名的特级教师啊。请同学们课后写好这篇作文。今天的课讲到这里，谢谢同学们！

《愚公移山》教学实录

上课时间：2018年10月22日

上课地点：广东省佛山市华英学校

上课班级：初二（16）班

听课教师：来自佛山各校教师共约600名

主持人：各位来宾，"聚焦课堂、激活思维，同课异构"活动第二场的授课即将开始，为我们授课的是何泗忠老师，授课班级初二（16）班。

何老师是语文特级教师，深圳市高考模拟考试命题专家组核心成员，深圳市继续教育课程开发专家、主讲教师，华南师范大学兼职教授，深圳大学硕士研究生导师，深圳市名师工作室主持人、广东省名教师工作室主持人，广东省教育学会评价专业委员会副理事长。何老师同时还是"语文悬念教学法"体系的创建者和实践者。何泗忠老师拥有30多年的教育教学经验，课堂教学旁征博引、幽默风趣、悬念迭出、扣人心弦，深受学生欢迎。下面有请何泗忠老师为我们授课。

（掌声）

师：好的，我们就开始上课。同学们好，上课！

生：老师好！

师：同学们请坐。我们今天来讲这个《愚公移山》。其实这个《愚公移山》以前它是没有标点符号的，而且古人一般读书时他会摇头晃脑地去读，"太行，王屋二山"，是这样读。下面就请同学们朗读一遍，用什么方式呢？可以摇头，看谁摇得好，好不好？下面开始。"太行"，预备——读。

（生按老师要求，兴致勃勃、摇头晃脑地读起来）

师：嗯，读得很好。我看到有同学一直在摇头。头摇得特别有节奏，有古人读书的风味。好，下面我就叫一个同学来读一下这篇文章，看谁来？课代表是谁啊？有没有课代表？哪一位？有没有？好，来吧，课代表。我们来认真听他读，看他字音能不能读准啊，节奏把握得怎样？大家认真听，好，你就开始读吧！

课代表声情并茂地读

师：读得怎么样？挺好的吧？不愧是课代表啊，读音有没有错误啊？没有，真了不起啊。好，同学们，上课之前我先让大家看一下这个字。（教师出示幻灯片）

看图猜字

师：这是一个什么字啊？

生：山。

师：对了，你看这个山，像不像我们外面看的那个山啊，像不像？

生：像。

师：对了，因为我们的文字是属于拼音文字还是象形文字呢？

生：象形文字。

师：象形文字，哦，这个都知道啊。象形文字，就是古人他看到一个什么样子的东西，他就照那个样子把它画出来，最开始我们的文字应该就是这样。而且中国是书画同源的，因此有些书法家在写字的时候，他会运用他的那种艺术，把他的艺术通过书法曲折隐晦地、艺术性地表现出来。比如说像这个"山河"：（教师出示幻灯片）

书法作品

师：你们看这有没有一点像那个九曲黄河啊？十分象形吧。我有一个朋友，他给我写了三幅"愚公移山"的条幅给我。（教师出示幻灯片）

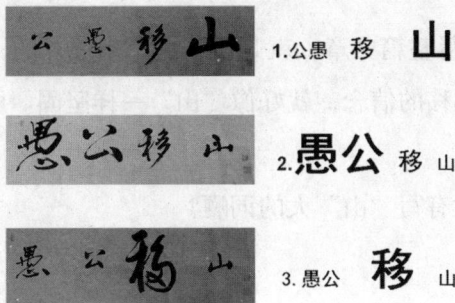

"愚公移山"条幅

大家比较一下，这三种书写，在排列组合、布局谋篇上，各有什么特点？

（生讨论，不一会儿，有学生举手回答老师提问）

生1：第一幅，那个"山"写得特别大；第二幅，"愚公"写得特别大；第三幅，"移"字写得特别大。

师：这位同学观察特别仔细，确实把"愚公移山"三幅条幅的不同点给分析出来了。我就问我这个朋友："你为什么同样写这个'愚公移山'，写出来每次的那种排列组合，包括里面的那种布局为什么不同啊？"他就说："这是因为我在不同时期读《愚公移山》的时候，对《愚公移山》有不同的理解。"所以说，这三幅条幅是曲折隐晦地反映了我这位朋友不同时期阅读《愚公移山》时对这篇经典作品的不同解读。清代诗人张潮曾说过："少年读书，如隙中窥月；中年读书，如庭中望月；老年读书，如台上玩月。"意思是说，一个人随着自己年龄、身份、阅历的不同，往往对作品的解读也会不同。我的这位朋友，不同时期读出不同的《愚公移山》，完全正常。下面就请同学们再次认真阅读课文，根据你对课文内容的理解，你会更认可以上哪种书写，即三种书写中哪个更有道理、更符合文意，而且你要到课文中去找到依据，说明理由。好不好？读后，同座位的、前后左右的同学都可以讨论，看你更认可哪一种书写？好不好？

（此处，教师采用图文对照法设置悬念，引发学生兴趣，学生根据要求，认真阅读并展开讨论）

师：大家讨论得差不多了吗？好，下面举手。有认可第一种书写的同学请举手。（有十来个学生举手）你举手了，你说说看，你为什么认可第一种书写？

生2：因为我觉得整篇文章，就是以"山"来展开的，然后就刚好可以说出是愚公那种坚定不移的信念，就好像"山"一样坚固。所以我就觉得应该是写"山"大。

师：那文中有没有写"山"大的词啊？

生3：有。

师：哪个地方？

生3："方七百里，高万仞。"

师："方七百里，高万仞。"这个"方"是什么意思？

生3："方"是古代用来计量面积的用语。

师：翻译成现代汉语是什么意思啊？

生3：现代汉语是"方圆"的意思。

师：方圆，对，那意思就是说这个山方圆七百里。应该说这个山是……

生3：很大。

师：很大，嗯，这是一个。所以他把"山"写得很大是吧？

生3：是。

师：还有，这个山除了大，还有什么？

生3：还有高。

师：还有高，多高啊？

生3："万仞"。

师："万仞"，这个"仞"它是一个度量单位，相当于现在的多少？七尺或八尺为一仞，万仞，所以这个山又高又大，这是一个。所以他就把山放大，是吧？

生3：是。然后他又把愚公的坚定不移的信念体现出来了。

师：把愚公坚定不移的信念？

生3：就是山比较大的话，就会很难移动，但就像愚公的信念一样，他就坚持一定要把那个山移开。

师：坚持一定要把那个山移开啊。当然，我觉得你这个理解啊，你对这个"山"放大，他这个"山"是客观地强调那个山，你看那个愚公很小哎。

生3：并不是真正的愚蠢啊。

师：你说什么？

生3：并不是真正的愚蠢啊。

师：并不是真正的愚蠢。好，你说了你对这个山的理解，是高大，然后愚公是这么小，是证明他不愚蠢。好，你这个说的应该有一部分道理啊。认可第一种书写。对于第一种书写，还有没有补充的？来，你再说说看。为什么愚公"小"，"山"写得很大？

生4：因为愚公"小"的话，就可以突出"山"那么大，就和"山"形成了对比。

师：形成了对比。

生4：然后移山就会显得更加困难，更突出他自己的信念坚定。

师：是这样的，所以愚公很"小"。那么愚公在这个大"山"面前他怎么样？

生4：很弱小。

师：那体现在哪个地方，愚公很弱小啊？原文中有依据吗？

生4：他的妻子说："以君之力，曾不能损魁父之丘，如太行、王屋何？"

师："以"是凭借的意思，凭借你的力气。是吧？

生4：对。

师：好，这里体现了愚公的那种弱小，是吧？在文章中，还有哪些词可以看出愚公的弱小？

生4："北山愚公者，年且九十。"

师："年且九十。"多大了？

生4：九十岁。

师：九十岁，是不是九十岁？

生5：将近，将近九十岁。

师：对了，这里面哪个词是体现将近九十岁啊？

生5：且。

师："且"字啊。所以还没到九十岁，是将近九十岁啊。那将近九十岁，我们说一个将近九十岁的老头去搬移那座高大的"山"，是不是有点自不量力啊？

生5：是的。

师：是的。所以你看，这老头啊，年纪很老了，是不是？我们说平时一个九十岁的老人还去移山，所以真的是有点自不量力，因此把愚公写得小。是吧？

生5：是。

师：嗯，有道理。还有吗？

生5：没了。

师：好。那么我们说，对这种理解啊，应该说是有这么一番意思的。你看，二山很大，方七百里。刚才那个同学讲了，是不是？二山很高，高万仞。这个人很老，年且九十了。而且力量很小，他刚才说了，凭你的力量，残年余力。同学们，找到没有，就是路很远啊，"寒暑易节，始一反焉。"这个"反"字什么意思啊？

生6：往返，"反"通"返"，通假字。

师：对，通假字。一年才往返一次啊。另外，愚公那时候没有我们现在的挖土机。是不是？也没有汽车，是不是？装备很差。你说说看，那个装备很差的那句话，你把它翻译一下，读一下那句话，什么意思？

生6："箕畚运于渤海之尾。"听说那个箕畚是古时候用柳条编织的那种运土器具，然后它是用于装土石的意思。

师：翻译，怎么翻译？

生6：就是要用箕畚装入土石，倒到渤海的末端。

师：运到渤海的末端。好，我问你一下，这个"箕畚"在里面，你翻译成"用箕畚"。那箕畚本身是什么词？

生6：是名词。

师：名词，在这里用作什么词？

生6：名词作状语。

师：作状语。对了，好，请坐。你看，刚才我们通过师生互动，说出了对第一种写法的认可，以及愚公在大山面前是弱小的。读了《愚公移山》，把那个"山"放大，我那个朋友就是这么读的。那看看，有没有同学同意第二种书写的？好，你说说。

生7：我就认为愚公是这个故事中的主要人物，移山是这个故事的主要事件。这个故事所表现的一个精神，就是从愚公那里体现出来的。

师：从愚公身上体现出来了。愚公面对着山，他怎么样？他认为这座山怎么样？

生7：这座山，虽然移动这座山是一个很大的困难，但是他有这个坚持不懈的精神。

师：有一种坚持不懈的精神。

生7：迎难而上。

师：迎难而上。所以山在他眼里是什么样？

生7：是渺小的。

师：渺小的，所以你看，我那个书法朋友，就把那个"山"写得很小，是不是？

生7：对。我觉得第二种写法更合理。第一种写法，只注重山的外形与人的外形，而第二种写法，深入到了愚公的精神，愚公面对大山，他有一种大无畏的英雄气概，有一种老当益壮的精神。大山在他心中，只是一粒尘埃，他要把它移走，愚公是一个顶天立地的英雄，因此，"愚公"应该大写，而"山"在他眼中是渺小的。人定胜天。

师：嗯，有道理。请坐。我们同学确实不错，能够解读到这个层面。如果说第一种主要是从外形上、形体上来，"山"很大，"愚公"很小。那这里第二种它主要是从什么方面？从精神上，是不是？也就是说，这么大的山在愚公眼里，它是什么样的？

生7：渺小。

师：很渺小的，是不是？哎呀，你看这一层理解，那真的是更深一层了吧？好的，下面我们看看，有没有对第三种书写认可的？哪个同学来说？这么多啊？你说说看。

生8：其实我觉得全篇通过讲愚公先是准备移山，然后到移山的过程，然后再到把山移完，整篇文章就是围绕一个"移"字来展开的。

师：围绕着这个"移"字来写。

生8：然后它也会体现愚公在移山过程中的这种精神。

师：还有一种坚持不懈地移山的过程？

生8：对。而且从文中也得知，其实是有两个人在质疑愚公能否把山移走。

师：两个人，哪两个人质疑啊？

生8：一个是他的妻子，还有一个是老人。

师：还有一个老人。我问你一下，他们两个对愚公移山的态度是什么？

生：都是反对的、否定的。

师：同不同意她这个观点？

生9：我不同意。我觉得妻子质疑是出于她对丈夫的关心。

师：对丈夫的关心，从哪个地方、哪个词、哪句话可以看出她对丈夫的关心呢？

生9："献疑"。

师："献疑"是什么意思呢？

生9："献疑"就是说她提出疑问，但河曲智叟是嘲笑的语气，就是让他停下移山这样"愚蠢"的行动。

师：态度不一样，你的意思是他的妻子并不是反对，智叟是反对的，是不是？

生9：对，另外，两人说话的语气也不同。北山愚公已将近90岁了，他的妻子跟他说，"以你现在的力量，连魁父这样的小山丘都不能对付，太行、王屋这样的大山，你能奈它何？"是一种询问商量的语气，而智叟却是一种反对甚至教训的语气，"甚矣，汝之不惠。"

师："甚矣，汝之不惠。"这句话是什么意思？

生9：就是说"你也太不聪明了"。

师：太不聪明了。这句话我这么说，"汝之不惠，甚矣。"与"甚矣，汝之不惠"相比哪个说法更好？

生9："甚矣，汝之不惠。"

师：为什么这个说法更好？这个句子有什么特点？

生9：主谓倒装。

师：回答正确，倒装有什么好处呢？

生9：强调对愚公的嘲笑。

师：对了，倒装句有强调的作用。比如，我们的国歌，歌词第一句是"起来，不愿做奴隶的人们"。正常顺序应该是"不愿做奴隶的人们起来"，国歌却倒装"起来"，这样就强调了"起来"，更能唤起人们的觉悟与斗志。这里也是，"甚矣，汝之不惠。"从这个强调的语气来看，这个智叟也是强烈地阻止和反对愚公的，所以从这里我们可以看出，愚公的妻子是提出疑问，她的最终的动机，她的目的是什么？

生9：关心。

师：关心他能不能做。而智叟的目的是什么？

生9：嘲笑，制止。

师：嘲笑，制止。同学们，你们很棒，你们读书读得很细啊，你们真不错。好，刚才两位同学是对第三种书写的解读，把握得很好，他们认为《愚公移山》是围绕这个"移"字来写的。这就涉及对《愚公移山》这篇文章的结构的把握，文章的布局谋篇的把握，是不是？文章是按移山的对象、移山的目的、移山的方式、移山的过程、移山的阻力、移山的决心和移山的结果这样一个顺序写下来的。对不对？是把握住了，很不错。

同学们，我们通过前面的教学环节，基本上把握了文章的内容和结构，下面我们继续深入文本，进一步解读文本。我先问同学们一个问题：文章的标题叫《愚公移山》，山移走了没有？

生10：移走了。

师：你说说看，哪里证明它移走了？

生10：命夸娥氏二子负二山。

师："命夸娥氏二子负二山"中的"负"是什么意思？

生10：背负。

师：背负，背着啊。山是移走了，谁移走的？

生10：是神仙。

师：是神仙移走的。那我问同学们，既然是神仙移走的，为什么这个题目为《愚公移山》呢？为什么不叫《神仙移山》啊？你说说看。

生11：因为是愚公那种诚心，那种坚持感动了上天，所以说天帝才会命夸娥氏的两个儿子，把太行和王屋两座大山给移走了。

师：哦，是被愚公的诚心给感动了。是不是？

生11：是。因为愚公的诚心感动了天地，"帝感其诚"，天帝被愚公的诚心感动，于是"命夸娥氏二子负二山"。这里告诉我们，只要有理想，并努力为之奋斗，全世界、全宇宙的人，都会为你让路。

师：假如没有愚公的诚心，那神仙根本就不会去背那个东西，是不是？就不会去命令，因此还是愚公移山。那我问你，愚公的"诚心"它到底有什么内涵。愚公他凭什么打动了天地，你能说说吗？

生11：就是凭他对移山这件事情的坚持，还有他反对河曲智叟说的话。

师：她已经初步涉及这个问题，那我现在请同学们这样，（教师出示幻灯片：_____愚公）你在这个横线上给我加定语，"什么什么样的愚公"，我们来把握一下，愚公到底是一个怎样的人，好不好？全方位地把握。下面就请同学们自己在下面写写画画，给我加定语，加得越多越好。当然，加的内容要能在课文中找到依据，加出来的一定就是我们课文上面的那个愚公。我们学过陈子昂的《登幽州台歌》没有？

生（齐）：学过。

师：我在讲陈子昂的《登幽州台歌》时，就要同学们加"什么样的陈子昂"，结果学生说出了一个丰富多彩的陈子昂，如忧国忧民的陈子昂，寂寞孤独的陈子昂，志向远大的陈子昂，怀才不遇的陈子昂……那你也在这里加"什么样的愚公"，但要从课文中找到依据，好吧？

（此环节，教师用填空法设置课堂悬念，引起学生再度认真阅读文本，思考分析愚公形象，学生拿笔在书上写写画画，教师在学生中巡视）

师：有写七个的。好，加完以后，同座位的同学看看，可以交流一下，你加了哪个，我加了哪个，我们共同加的是哪些？有什么道理？

（学生响应教师召唤，主动与同学交流，气氛热烈）

师：刚才同学们交换了意见。下面，我们叫同学们说说，他看到了一个怎样的愚公。哪个先来？好，你说说？

生12：我认为是大智若愚的愚公，坚持不懈的愚公，深谋远虑的愚公和无私奉献的愚公，还有待人诚恳、平等待人、身体健壮的愚公。

师：你说了那么多，你每一个跟我说一下依据啊。第一个是什么愚公啊？

生12：大智若愚。

师：好，大智若愚。你说说道理，为什么他大智若愚？

生12：因为在别人眼中，他是老年了嘛，他可以安享晚年，但他却偏要去移山，在别人眼中是很奇怪的事情，是一个愚蠢的老头。但是仔细一想，他这样做，对自己的子孙后代是有好处的。

师：也就是说，他自己快九十岁了，还去干移山这个事，别人认为他愚不可及，但愚公却想为子孙造福，所以大智若愚。嗯，是一个。还有吗？

生12：还是一个坚持不懈的人。

师：从哪里可以看出他的坚持不懈？

生12："寒暑易节，始一反焉。"就是夏天和冬天，他一直在干，就只回去了一次。

师："反"是什么意思？

生12："反"是通假字，通"返"，回去的意思。

师：哦，你这个解读挺有个性的。还有吗？

生12：还有，我觉得他又是一个深谋远虑的人。

师：深谋远虑？从哪里看出他的深谋远虑啊？

生12：他想得比较远嘛。

师：哪里看出他看得比较远？你从哪里看出他看得比较远啊？

生12：他不只是想到现在自己要去干的事，而且想到自己的子孙也可以去干这个事情。

师：哪个地方体现了这里？

生12：他对那个河曲智叟说："虽我之死，有子存焉；子又生孙，孙又生子；子又有子，子又有孙；子子孙孙无穷匮也，而山不加增，何苦而不平？"

师：哎呀，你比愚公说的还雄辩有力。"子子孙孙，无穷匮也。"这句话怎么翻译？

生12：就是说，"我的后代是没有匮乏的，不会穷尽的，穷尽不了。"

师：无穷无尽是吧？不光是我去做这个事，我的子孙也会去做这个事，最终还是会把这个山移走。所以愚公就是这样去看这个问题的，看得比别人远，而且更有信心。是吧？你说得挺好，你让别人也说一下，好不好？看还有谁？好，你说，你说说看。

生13：我看到了一个迎难而上的愚公，不畏艰险的愚公和吃苦耐劳的愚公。

师：先看看迎难而上的愚公。

生13：因为文章中有两座山"方七百里，高万仞"，但是愚公却一心想要把这两座山移走，所以他是迎难而上的。

师：从哪里看出他一心要把这座山移走？文中有没有一句话能体现这个意思？

生13："吾与汝毕力平险"。

师：嗯，这句话找得挺好的。"毕力平险"怎么翻译？

生13：就是我尽全力去铲除险峻的大山。

师：嗯，翻译得挺好的，尽全力去铲除这座险峻的大山。是吧？

生13：是。

师：这个地方找得好，说明他是迎难而上的。还有吗？

生13：我认为不畏艰险是因为他将近九十岁了，他去移这个山肯定会遇到一些困难，但是他却没有放弃他这个信念，所以他是不畏艰险的。然后吃苦耐劳是说他年龄也高，而且当时的那个设施也差，然后山也比较高，但他没有一丝抱怨，而是继续去做这件事情，我认为他是吃苦耐劳的。

教师引导学生回答问题

师：好，这种精神讲得挺好的。还有谁要补充的？你说。如果是前面说过的，我们换成新的，好不好？

生14：我觉得他还是一个有主见、懂得集思广益的人。

师：从哪里看出有主见、集思广益？

生14：因为他妻子还有河曲智叟都提出过疑问或反对，可是他没有纯粹地去说不做就不做了，他还是坚持自己的信念，就这样做下去。

师：好的，这是说愚公有主见，那集思广益体现在哪儿呢？

生14：聚室而谋。

师："谋"是什么意思？

生14："谋"就是一起谋划。

师：一起谋划，是不是？所以其实愚公这个人他确实是懂得决策的，是不是？他去谋划这个事，所以愚公他不是盲目地去干事啊。是吧？他懂得去谋划，去集思广益。对愚公这个标签贴得好，看看还有新的补充没有？新的补充啊。

生15：我觉得他是一个似懂非懂的愚公。

师：似懂非懂？从哪里看出他似懂非懂啊？

生15：因为他知道自己这辈子都不可能移完这座山，但他想到了他自己的后代，他的后代是源源不断的。但是如果他的后代都给他移山，他的后代就没有属于他自己的人生。

师：哎哟，这个解读好个性啊。

（掌声）

生15：我觉得他可以换一种思考方式，就比如说这座山堵住他，但是我觉得他不一定要把这座山给挖穿，他可以换一种出行方式什么的。我觉得这种思想更简便，而且更快捷，更容易解决这个问题。

师：更容易解决这个问题，也就是干什么最好啊？

生15：搬家。

师：搬家。嗯，好。请坐，他提出这个问题，确实涉及一个比较值得思考的问题啊，就是搬家的问题。但是我跟大家说，你说河曲智叟他会不会想到这个问题啊？

生（齐）：会。

师：他会，但为什么他又"亡以应"呢？如果他想到了搬家这个问题，那凭智叟的机智，当愚公反驳他的时候，他马上可以说："你为什么不搬家呢？"而是被反驳得"亡以应"？无法应对？谁来回答这个问题？

生16：我认为河曲智叟想到了搬家的问题，但被愚公强大的精神力量和辩论力量所折服，因此"无以应。"

生17：我认为河曲智叟根本没有想到搬家的问题，所以他"无以应"。

生18：我认为在那个年代河曲智叟不是想不到搬家的问题，而是根本不会往搬家这方面想。

师：为什么？

生18：因为古人讲究安土重迁。

师：你说得有道理。凭智叟这么聪明的人，他肯定就会说："那你搬家啊。"是吧？我跟同学们讲，其实河曲智叟他也没有想到搬家这个事，因为中国古代有一种安土重迁的观念，大家都不会想到搬家这个事情，所以一般来说，不会去提这个问题。而且你看，仔细阅读这篇文章，真正来讲，就是天帝也不主张愚公挖山的，怕愚公挖山，破坏环境，所以他命夸娥氏二子背了两座山，没有破坏那个山。

所以关于移山还是搬家这个问题，确实有思考的价值。但是我觉得太超前了，古人安土重迁，不会提出"搬家"这样的问题。但说明，我们班同学的思维非常活跃，我们同学对愚公的解读超出了我的想象。看看还有新的提法没有？

生19：我只作一个补充，就是我认为他是一个思想先进的愚公。

师：从哪里看出？

生19：从河曲智叟这一段。他说："甚矣，汝之不惠。以残年余力，曾不能毁山之一毛，其如土石何？"这是河曲智叟的想法，想得不够长远，但是愚公代表的是一种比较长远的精神。他说："汝心之固，固不可彻，曾不若孀妻弱子。"

师："固不可彻"，这个"彻"是什么意思呢？

生19："固不可彻"的意思是"通达"，这里指改变。

师：就是说你不能改变，言外之意是什么？

生19：言外之意就是我的思想比你的思想要更先进、更通达，你的思想改变不了，过于固化。然后愚公的想法就是，虽然我现在挖不了这个山，但我有子子孙孙，他们都在为自己的后代造福，就是造福后代，这种精神是值得推崇的，所以是先进的。

师：好，我们说，这个就是形象大于思维，而且你们刚才解读的东西，我备课时都没有想到，所以教学相长，很不错。

下面谈谈我读《愚公移山》的体会，我又回到开始那三幅书法。

我读《愚公移山》，读开头部分，也像我的那位朋友一样，感觉是朋友书法的第一种：觉得"山"很大，愚公在"山"面前，显得太渺小，愚公面对大"山"，还要移"山"，简直是自不量力。再往后读，渐渐感觉愚公伟大，太行、王屋二山，在愚公面前，显得十分渺小，我读出了第二种书写的感觉：人定胜天。（教师出示幻灯片，让学生齐读幻灯片内容）

二山很大，愚公决心更大：毕力平险。

二山很高，愚公志向更高：指通豫南，达于汉阴。

愚公很老，愚公精神不老：子子孙孙无穷匮焉。

力量很小，愚公气概不小：山不加增，何苦而不平？

路途很远，愚公目光更远：冀之南，汉之阴，无陇断焉。

装备很差，愚公诚心不差：帝感其诚，命夸娥氏二子负二山，一厝朔东，一厝雍南。

师：再往后读，我发现愚公不仅决心大，而且不是盲目移山，围绕"移"字做文章，有计划、有步骤、有行动，因此我又读出了第三种书写的感觉。

师：好，到此为止，我们比较全面地把握了愚公的形象，有雄心壮志的愚公，有民主精神的愚公，刚才同学们讲了，"聚室而谋"是不是？有实干精神的愚公，不惧困难的愚公，能持之以恒的愚公，为后人造福的愚公。我备课备了这些，你看你们还多了好多愚公，是不是？同学们，你们阅读的水平很高，不错。

好，接下来，我们来给愚公塑一尊雕像。今天，我参观了你们的学校，发现你们学校文化气息很浓厚，学校还塑有好几尊雕像，假如在你们学校要安放一尊愚公的雕像，并请你们来设计这尊雕像，你们会怎样来设计呢？请同学们思考构思一下，一会儿，我会叫你们说说你们的构想。

（这个创意设计，令学生十分好奇，学生陷入沉思，并拿起笔来在书上写写画画，画出自己心目中的愚公，约4分钟后，教师让学生发言）

师：同学们，现在你是艺术家、设计师，谁来说说自己对愚公形象的设计？

生20：愚公得拿着一根扁担。

师：为什么？

生20："荷担者三夫"嘛。双目炯炯有神，显得十分坚毅。挽起裤腿，撸起袖子加油干。

师：嚯，还用上了习近平总书记的话，很有时代特色嘛！

生21：我觉得应该是扛着锄头。

师：扛着锄头，这是一个很重要的工具，对了。

生21：然后很卖力，就是很努力地移山。但是要衣着很简朴，就显得他年纪很苍老。

师：年纪很苍老，但是？

生21：但是劲头很足。

师：劲头很足，嗯，她的设计真的很好，这个设计真的被她说出来了。

（展示图片）

有雄心壮志的愚公
有民主精神的愚公
有实干精神的愚公
有无惧困难的愚公
有持之以恒的愚公
有后人造福的愚公

愚公雕塑

师：你看，这个设计是不是？哎呀，你太神了，不错。

同学们，通过这个步骤，我们通过师生互动，立体地把握了愚公的形象，愚公形象确实非常丰满。法国预言家拉·封丹曾经说过一句这样的话：

"一个寓言可分为身体与灵魂两部分，所述的故事好比是身体，所给予人的教训好比是灵魂。"你认为这则故事的灵魂是什么？即它给我们什么样的人生启示？下面就谈一谈，这则寓言给你什么样的灵魂启示？好吧？谁先来？

生22：这则寓言故事给我的启示就是：一定要把目光放长远一点，不能仅限于现状，就像愚公一样，虽然现在的困难很大，但是我们一定坚信自己可以做得到。因为有"子子孙孙，无穷匮焉"。那就不能像河曲智叟，跟他说："以残年余力，曾不能毁山之一毛。"但是愚公就说："我有很多后代，我做不到，后代也可以帮我做到。"这个目光长远我觉得是非常重要的。

师：好，说得好。还有谁，读了以后，来谈谈自己的感受。

生23：就是坚持梦想，别管它发不发光。因为在那个年代，愚公的那个做法可能受到很多的质疑，但是对他的后代来说，他的梦想是发光的，他为后代造福。

师：坚持梦想为后代造福，得到这样一个启示。还有吗？

生24：我觉得这一则寓言带给我的启示就是，其实有很多东西它都是你看不透的，就说这个愚公，我们表面上看上去，他好像一个傻子一样，那么大的一座山他去移。但其实是我们自己想的跟这个智叟一样，你没有远见，你没有想到那些事情。

愚公他想这个事情想得很周全。因为他的老婆问他的时候，说："你这个山的石头怎么样安放？"如果说他是突然之间听到了她问他一个问题，他再去思考的话，他就不可能这么快就想到。说："把这个土石放到渤海的边上，还有隐土的北边。"他不可能这么快地想到。也就是说，你思考这个问题，首先要周全。而且其实很多人虽然说是质疑你，但有可能是他自己没有想透。他自己表面上很聪明，像聪明的智叟那样，但其实智叟他根本就不聪明。

师：噢，也就是说，你的意思是愚公其实表面是愚公，其实他不傻。智叟好像很聪明，其实他并不聪明，愚公有一股傻劲，是不是？刚才同学们说的这个，跟我的启示差不多啊。（教师出示幻灯片）

1. 人活着，就是要有梦想、有追求，我们干任何一件事情，尤其是一些伟大的长远的事业，都不可能得到一致的支持，可能会遇到怀疑（妻子）、嘲讽甚至阻挠（智叟），也许还会有人告状（山神），但只要横下心来干下去，宇宙都会为你让路（感天动地）。

（掌声）

师：而且你看，成功的要诀不是看一个人多聪明，而是要看一个人有多傻。因为傻子才不会见异思迁，傻子才不会朝三暮四，傻子才会一辈子傻乎乎地干一件事情。很多聪明人之所以不能取得成功，是因为太聪明，太聪明就容易投机取巧。是不是？

（掌声）

你看愚公这种一往无前的精神，你们发现没有，从语言的外在形式都能表现出来：（教师出示幻灯片）

> 虽我之死，
>
> 有子存焉；
>
> 子又生孙，
>
> 孙又生子；
>
> 子又有子，
>
> 子又有孙；
>
> 子子孙孙无穷匮也，
>
> 而山不加增，
>
> 何苦而不平？

师（指着幻灯片）：这一段话有什么特点，你们看出来没有？谁看出来了？谁看出这段话有什么特点吗？来，你说说看，这段话有什么特点？

生25：它一直在重复说自己的后代，就是子和孙，说明他的决心很大。

师：这是一个特点，重复。还有吗？还有什么特点，发现没有？

生25：其实我觉得它这里面也有一个对比成分在，因为他说他的子孙会越来越多，而山不会变得更高。所以说，也是体现了他的决心，还有体现了他，其实对于移山这件事情，他……

师：体现他的决心，哪个句子最能体现他的决心？你看出来没有？

生25："何苦而不平？"

师：你把这句话读一下，把这种决心读出来，就读最后那句。

生25："而山不加增，何苦而不平？"

师：这句话后面是一个问号，你主要读出一种什么语气啊？

生25：反问。

师：你再读一下，把这种反问的语气读出来。

生25："而山不加增，何苦而不平？"

师：你看，又有力量一些了吧？看哪位男同学给我读一下，愚公是个男的，看哪个能把这种气势读出来？好，你来读一下。

生26："而山不加增，何苦而不平？"

（生26声情并茂，读到"何苦而不平"抬起头来，赢得热烈掌声）

师：我们同学都读得好，"何苦而不平？"这是一个反问句。还有，你们发现没有？整个《愚公移山》，句子有长有短，但是到这里怎么样？都成了短句。四个字四个字很整齐，给人一种什么感觉？

生（齐）：铿锵有力。

师：铿锵有力。是不是？所以这个时候，愚公为了反驳那个智叟，语言有一种排山倒海之势，一往无前，义无反顾。我刚才说了，"河曲智叟亡以应"，很大程度是被愚公那种气势怎么样？

生（齐）：震到了。

师：吓怕了是不是？

生（齐）：是。

师：好，下面我们来读出这种气势，我们来美读一下。（教师出示幻灯片）

> 虽我之死，
>
> 有子存焉；
>
> 子又生孙，
>
> 孙又生子；
>
> 子又有子，
>
> 子又有孙；
>
> 子子孙孙无穷匮也，
>
> 无穷匮也，
>
> 无穷匮也，
>
> 无穷匮也，

而山不加增，

何苦而不平？

何苦而不平？

何苦而不平？

何苦而不平？

师（指着幻灯片）：请一位男同学领读，遇到画线的句子，全体同学齐读，而且遇到大的字，就声音大一点；遇到小的字，声音就小一点，读出气势来，哪位男同学来？你读。我们站起来，一起站起来读，全都站起来，读出这种气势。开始。

（生按要求读，读得惊天地、泣鬼神）

师：读得好，气壮山河。愚公这种义无反顾的气魄，从语言的外在表现形式也看出来了。这一段，用整齐的四字短句表现出来，同时采用顶针的修辞手法，环环相扣，末尾又用反问句，显出一种无可辩驳的气势。

这篇寓言，包含许多中华优秀传统文化，这篇寓言是谁写的？

生：列子。

师：列子是哪一个门派的人物？

生：道家。

师：道家，是不是？本来道家是主张什么的？

生：无为而治。

师：无为而治，是不是？而且他主张那种执着的、一种抱一的永恒精神。列子当时写这篇文章，其实最初的意思是摒弃急功近利之心，杜绝旁逸斜出之念，方能不断地接近于道。这个是列子的本意。《愚公移山》选自《列子》里的《汤问》中的一个片段。它一旦脱离了《汤问》这个语言环境，就给了我们多方面的启示，《愚公移山》问世以来，伴随着"谁解其中味"的对知音的寻觅和呼唤，引起了人们对他的探索和应答，而且这种探索和应答因读者眼光的不同而不同。结果非常有趣地发现，道家人写的《愚公移山》似乎也体现了儒家的思想，如"知其不可为而为之"，是不是？"三军可得帅也，匹夫不可得志也。""天行健，君子以自强不息。"诸如此类的。（教师出示幻灯片）：

　　中华优秀传统文化

　　摒弃急功近利之心，杜绝旁逸斜出之念，方能不断接近于道（列子的本意，列子属于道家）

　　知其不可为而为之

　　三军可夺帅也，匹夫不可夺志也

　　天行健，君子以自强不息

　　天道酬勤

　　精诚所至金石为开

　　师（指着幻灯片）：好，下面我们大声地朗读一下这些体现中华优秀传统文化的句子，"摒弃急功近利之心"，预备——读。

　　（生按要求读，读得气壮山河）

　　师：好，这节课我是采用了语文悬念教学法，从四个步骤"初读课文，从语音角度梳理字词词义；再读课文，从文章角度理清结构思路；三读课文，从文学角度鉴赏愚公形象；四读课文，从文化角度探究文本的寓意"解读了《愚公移山》这篇寓言。我们说文言文它都有一体四面——文言、文章、文学、文化。

　　这个一体四面恰好反映了我们的新课程理念，就是语文的核心素养：语言运用与建构，思维发展与提升，审美鉴赏与创造，文化传承与理解这四个特点。

　　下面布置作业：（教师出示幻灯片）

　　作业：《愚公移山》中出现的人物有愚公、愚公妻、荷担者三夫、孀妻、遗男、智叟、操蛇之神、帝、夸娥氏二子等，请你根据自己对周围同学、朋友、亲人的了解，为其在《愚公移山》中找到相对应的人物，并说明理由。

　　同学们，今天我们这节课就讲到这里，谢谢同学们！

　　生：谢谢老师，老师再见。

　　主持人：谢谢。好，谢谢何泗忠老师为我们带来精彩的《愚公移山》。

　　（结束）